Gerd Schultze-Rhonhof

Deutschland auf Augenhöhe

Im Gespräch mit

General Schultze-Rhonhof

Deutschland auf Augenhöhe

Buchgestaltung und Satz: Oktavo, Syrgenstein
Druck: DTP & Druck Matthias Kopp, Heidenheim
Bindung: Industriebuchbinderei Norbert Klotz, Jettingen-Scheppach

Die Deutsche Bibliothek – CIP-Einheitsaufnahme:
Gert Schultze-Rhonhof/Götz Kubitschek:
Deutschland auf Augenhöhe
Götz Kubitschek im Gespräch
mit General Schultze-Rhonhof
116 Seiten, broschiert
Schnellroda: Edition Antaios, 2007

ISBN: 978-3-935063-63-0

Inhalt

Vorwort

General Schultze-Rhonhof besitzt das, was man in England *understatement* nennt, und wofür es im Deutschen keine richtige Entsprechung gibt: Er macht kein Aufhebens um widrige Umstände, er betont keine Kenntnisse in der ein oder anderen Kulturtechnik (beispielsweise der Wahl eines Weines zu einer Mahlzeit), obwohl er sie ohne Zweifel beherrscht, er wischt Unannehmlichkeiten, die nichts mit der Sache zu tun haben, um die es eigentlich geht, mit einer raschen, wiederum nicht zu geräuschvollen Handbewegung weg und verspürt zum Klatsch oder zu ausgiebigem Wettern über den Gegenwind des Zeitgeistes keine Neigung. Viel lieber strebt er mit unnachgiebigem Druck und gewinnender Eleganz auf die Ziellinie zu, deren Erreichen er sich für diesen Tag, jenes Gespräch, diese Zusammenkunft vorgenommen hat. Alles das führt dazu, daß man nichts von jenen Nebengeräuschen hört, die man nicht selten dort vernimmt, wo jemand ein dickes Brett bohrt.

Es hat lange gedauert, General Schultze-Rhonhof für das vorliegende Interview-Bändchen zu gewinnen. Als jedoch seine Entscheidung feststand, wollte er selbst keine Zeit verlieren, kam nach Schnellroda, logierte im Landgasthof, absolvierte zwei anstrengende Frageblöcke mit mir und

Erik Lehnert, wurde bei den Mahlzeiten ins Familienleben eingegliedert. Dabei hätte es sich doch andersherum gehört: Daß nämlich die jungen Männer den Weg zurücklegten, um Antworten auf die Frage zu bekommen, welche Fragen und Antworten wiederum uns Deutsche auf gleiche Augenhöhe mit den Siegern von 1945 würden bringen können.

General Gerd Schultze-Rhonhof sei Dank für sein Entgegenkommen (im Wortsinn!) und für seine Arbeit an der Zukunft unseres Vaterlandes.

Schnellroda, im September 2007
Götz Kubitschek

Erfolge und Mißerfolge

Herr General, ich möchte unser Gespräch mit der Frage nach einer beeindruckenden Zahl beginnen. Wie oft hat sich Ihr Buch 1939. Der Krieg, der viele Väter hatte *bisher eigentlich verkauft?*
Bisher 28 000 mal, aber ich möchte dazusagen, daß dieser Verkaufserfolg, abgesehen davon, daß ich das Buch erst einmal habe schreiben müssen, viel Arbeit von mir verlangt hat. Ich mußte mein Buch mit allerlei Bemühungen an die Leser herantragen.

Im Vergleich zu anderen Sachbüchern, die oft begleitet durch eine Kampagne rasch hohe Auflage- oder Verkaufszahlen erreichen und dann wieder verschwinden und vielleicht nach ein oder zwei Jahren sogar geramscht werden, hat sich Ihr Buch zu einem »Dauerbrenner« entwickelt. Die 1. Auflage erschien 2003 im April, und mittlerweile bereiten Sie die 6. Auflage vor, die Herbst 2007 erscheinen soll. Ist denn ein Ende dieser Verkaufserfolge zu erwarten, oder sehen Sie noch Potentiale?
Das kann ich nicht absehen. Ich versuche ja, aus dem herkömmlich konservativen Lesermilieu herauszukommen und auch die Menschen anzusprechen, die sich normalerweise nicht mit unserer Geschichte befassen, die aber doch

von ihr betroffen sind. Um das zu erreichen, muß ich mir immer wieder etwas Neues einfallen lassen. Wenn mir da eines Tages das Pulver ausgeht, wird wohl auch mein Buch den Weg eines jeden Buches gehen und weniger und weniger verkauft werden, bis es nachher austropft.

Sie sprechen jetzt von den herkömmlich konservativen Lesern, die das Buch vor allem kaufen. Der Titel allein gibt ja schon darüber Auskunft, daß Sie gegen die These von der Alleinschuld Deutschlands am Zweiten Weltkrieg geschrieben haben. Sie sind nun nicht der erste Autor, der diese Stoßrichtung einschlägt. Wieso verkauft sich gerade Ihr Buch so gut? Es ist ja weder billig, noch hat es Bilder, und es ist zwar spannend geschrieben, aber keine oberflächliche, flotte Lektüre.

Es hat keine Bilder, aber dafür hat es Karten, und mit diesem Kartenmaterial habe ich mir sehr viel Mühe gegeben. Aber zum Kern Ihrer Frage: Es hat nach dem Krieg in der Tat schon etliche Bücher in dieser Richtung gegeben, die zum Teil sehr hohe Auflagen erreicht haben. Nur hatten wir damals ein Lesepublikum in Deutschland, das von dieser Zeit geprägt und bewegt war. Die Deutschen haben sich dafür interessiert, und von daher gab es einen breiten Markt. Nun ist es so, daß jedes Buch irgendwann stirbt und sich die Leser nicht mehr dafür interessieren. Meine Frau, die Buchhändlerin ist, sagt mir, daß ein durchschnittlicher Kunde früher in den Laden kam und fragte: »Können Sie mir ein gutes Buch empfehlen?« Heute kommt der durchschnittliche Kunde und fragt: »Können Sie mir ein neues Buch empfehlen?« Das heißt, es muß immer wieder das gleiche Wissen zu Papier gebracht werden und neu auf den Markt kommen, wenn es lebendig bleiben soll. Ich glaube, daß es an der Zeit war, die Vorkriegsgeschichte nochmals zu beleuchten. Nun hat es der Zufall gewollt, daß zwei andere Historiker zeitgleich mit mir das gleiche Thema bearbeitet haben und ihre Bücher mit den gleichen Ergebnissen zur gleichen Zeit herausgebracht haben: Dr. Stefan Scheil und Dr. Walter Post.

Es gibt zwar eine ganze Menge anderer Autoren, die sich in den letzten Jahren mit dem Krieg und der Kriegszeit befaßt haben. Mir fällt aber kein Autor ein, der in letzter Zeit vor Dr. Scheil, Dr. Post und mir umfassend und kritisch über das Vorkriegsgeschehen im Ausland geschrieben hat. Da war es einfach fällig, daß wieder etwas über die Vorkriegsgeschichte und Vorkriegsdiplomatie geschrieben wurde. Daß das Buch nun auch gelesen und gekauft wird, hat eine ganze Reihe von Gründen. Ich hab mir zum einen sehr viel Mühe gegeben, mein Buch so zu schreiben, daß es leicht zu lesen ist. Ich habe dabei an meinen Bäckermeister und meinen Tankstellenbesitzer gedacht, die erst abends nach einem langen Arbeitstag zum Lesen kommen. Ich hab es zudem so geschrieben, daß Menschen ohne Geschichtsvorkenntnisse es genauso lesen können wie geschichtsvorgebildete Akademiker. Das macht vielleicht auch ein bißchen den Erfolg aus.

Ein Grund für Ihren Verkaufserfolg sind sicher die vielen Vorträge, die Sie halten. Jeder Verleger wünscht sich ja solch einen Autor.
Ja, sicherlich, ich halte viele Vorträge. Das meinte ich damit, als ich vorhin sagte, daß es mich einige Mühe kostete und kostet, mein Buch bekannt zu machen. Ich glaube auch, daß die Leser, die mich vor oder nach der Lektüre meines Buches einmal hautnah im Vortrag erleben, mein Buch eher weiterempfehlen, als wenn es bei der Lektüre bleibt. Ich habe versucht, mich auf junge Leser und auf Menschen einzustellen, die kaum Berührung mit der Geschichtsschreibung haben, und dasselbe versuche ich auch in meinen Vorträgen.

Über die letzten 10 Tage vor dem Ausbruch des Kriegs haben Sie ein Hörbuch produzieren lassen. Ist das nur eine Marketing-Idee oder sehen Sie durch die suggestive Wirkung des gesprochenen Worts einen pädagogischen Mehrwert?
Es war zunächst eine Mischung aus Marketing-Idee für das gedruckte Buch und dem Versuch, auch »Nichtleser« zu erreichen. Letzteres ist gelungen. Ersteres offensichtlich nicht. Aber die Vorstellung des Produzenten, daß wir mit einem Hörbuch vor allem jüngere Menschen ansprechen würden, hat mir sehr gefallen.

An die suggestive Wirkung des gesprochenen Wortes habe ich überhaupt nicht gedacht. Das Hörbuch hat zwar diese suggestive Wirkung, aber ich will ja nicht suggerieren. Ich will überzeugen. Und das schafft eigentlich nur ein Buch mit seinen überprüfbaren Quellenangaben. Wer wissen will, ob das stimmt, was ich geschrieben habe, soll stichprobenweise die Quellen prüfen. Das wird ihn außerdem noch tiefer in die Materie einführen. Die Quellenlage zählt, nicht die betörende Wirkung der Stimmen der zwei Profi-Schauspieler, die die Texte lesen. Übrigens, das inzwischen erschienene zweite Hörbuch mit dem Titel *Der zweite Dreißigjährige Krieg* ist eine gesprochene Kurzfassung des gesamten Buchs *1939. Der Krieg, der viele Väter hatte.*

Es gibt mittlerweile neben Ihren Vorträgen, dem Buch selbst und den Hörbüchern noch einen vierten Zugang zu Ihren geschichtspolitischen Thesen: Sie betreiben seit geraumer Zeit eine Internet-Seite, www.vorkriegsgeschichte.de. *Diese Seite enthält kapitelweise Zusammenfassungen Ihres Buchs. Was bezwecken Sie damit?*
Zwei Aspekte hatte ich im Auge. Erstens die Wahrheit zu verbreiten und zweitens junge Leser zu erreichen. Mir war bei meinen Recherchen zum Buch aufgefallen, daß viele Geschichtsaufsätze, die man etwa über die Suchmaschine *google* findet, antideutsche Propagandaschriften sind. Ein Schüler, der drei oder fünf solcher Schriften unter den ersten Eintragungen in der Suchmaschine *google* findet, glaubt natürlich, daß das stimmt, was er da liest. Es mußte also auch die »wahre Geschichte« oft genug im Internet erscheinen. Und zweitens war mir längst klar geworden, daß Schüler und Studenten sich in aller Regel kein so dickes Buch wie

meines kaufen werden. Also habe ich die zwanzig wesentlichen Kapitel des Buchs auf kurze Texte gerafft und als »Internet-Buch« ins Netz gestellt. Hier haben Schüler und Schülerinnen, Studenten und Studentinnen nun entweder unter *www.vorkriegsgeschichte.de* oder nach Stichworten wie »Zuspitzung um Danzig 1939« oder »Wirtschaftliche Kriegsgründe 1918–1939« die Möglichkeit, sich Informationen oder Textbausteine für ihre Hausarbeiten, Seminararbeiten und ähnliches zu holen.

Hat Ihr Versuch, diese Einseitigkeit der Suchergebnisse im Internet zu beheben, schon gefruchtet?
Bisher ja. Dank der vielen Verlinkungen, die meine Seite inzwischen – ja auch mit Ihrer Hilfe – erfahren hat, sind die Stichworte aus dem Internet-Buch in den Suchmaschinen zum Teil überraschend gut plaziert. So findet man *www.vorkriegsgeschichte.de* unter dem Stichwort »Polens Minderheiten 1920–1939« bereits auf Platz 6 von 1,2 Millionen Eintragungen. Unter anderen Stichworten bei weniger Eintragungen ist meine Seite inzwischen auch schon einige Male auf Platz 1 gelandet. Damit stoßen neue Leser bei ihren Geschichtsrecherchen im Internet auf die Kurzform von *1939. Der Krieg, der viele Väter hatte*. Das ist schon so etwas wie ein Gegengewicht gegen die Einseitigkeit. Wenn das Gewicht noch zunehmen will, braucht es weitere Verlinkungen.

Waren Sie denn letztlich über den Erfolg dieses Buches überrascht, oder war der Verleger überrascht, daß es so gut läuft?
Der Verleger freut sich sicherlich. Aber ich kann nicht von »Überraschung« reden, weil ich überhaupt keine Vorstellung hatte, was ein guter Buchverkauf ist. Wenn man sieht, daß Dieter Bohlens Buch gleich mit 400 000 Exemplaren aufgelegt wird, dann sieht man natürlich mit seinen ersten aufgelegten 10 000 Stück ganz mager aus. Da ich keine Erfahrung hatte, konnte ich auch keine Vorstellung davon haben, was gut ist und was nicht gut ist. Ich habe erst im Laufe der Zeit ein Gefühl dafür entwickelt, was ein guter Buchverkauf ist und was nicht.

Wenn ich jetzt einmal als Verleger eine Wertung abgeben darf: Ein Sachbuch von Niveau, von einem Umfang von 600 Seiten, für den nicht eben günstigen Preis von 34,00 Euro demnächst 30 000 mal verkauft zu haben, ist ein ganz außergewöhnlicher Erfolg. Haben Sie eigentlich eine Vorstellung davon gehabt, wie groß dieses interessierte Milieu letztlich noch ist? Wir müssen ja immer davon ausgehen, daß hinter jedem verkauften Buch mindestens zwei Leser sitzen, und daß um jeden, der das Buch kauft, nochmals drei schleichen, die noch nicht zugegriffen haben.
Das mag sein, dann hätte ich 90 000 Leser. Aber wir leben in einem Achtzigmillionenvolk, und da sind die Zahlen, über die wir reden, nicht mehr als ein Tropfen auf den heißen Stein. Ich versuche ja nicht nur, ein Buch zu verkaufen, son-

dern ich versuche, eine Vorstellung in unserem Volk zu verbreiten, und dieses Volk besteht eben nicht nur aus 28 000 Buchkunden und vielleicht doppelt so vielen Lesern. Wenn meine Botschaft durchschlagen soll bei jungen Menschen, in Schulen, bei Politikern, dann muß ich das anders umsetzen. Ich würde mich sehr freuen, wenn auf die bisherigen 28 000 Buchkäufer noch weitere dreimal 28 000 folgen und zugreifen würden.

Haben Sie denn auf dieses konservative, ältere Publikum von vornherein abgezielt?

Nein, geschrieben habe ich vor allem für junge Leser. Aber zuerst habe ich nur daran gedacht, die Wahrheit zu verbreiten. Später ging mir dann durch den Sinn, daß die jungen Deutschen auch die Vorkriegsgeschichte ihrer europäischen Nachbarn kennen sollten und daß sie erfahren sollten, aus welchen Gründen sie noch immer für den Ersten und den Zweiten Weltkrieg Steuern zahlen müssen. Wir zahlen noch bis zum Jahre 2010 Steuern für die Reparationslasten aus dem Ersten Weltkrieg. Auch unsere heutige Rolle als größter Zahlmeister Europas hat mit dem Krieg zu tun und nicht nur mit unserer großen Wirtschaftskraft. Unsere Zahlmeisterrolle ist politisch so leicht durchsetzbar, weil die meisten Deutschen davon überzeugt sind, daß wir die Alleinschuld am letzten Kriege mit immer neuem Geld abtragen müssen. Ich habe mir gedacht, daß unsere jungen Leute wenigstens erfahren sollten, warum das so ist, und mehr: warum das so nicht richtig ist. Denn wenn wir eines Tages oder wenn wir heute schon in Europa eine Gemeinschaft von gleichberechtigten Völkern sein wollen, dann müssen wir auch auf gleicher Augenhöhe miteinander leben und reden können: historisch und moralisch. Die jungen Deutschen – und nicht nur sie – müssen deshalb erfahren, was in den anderen Ländern in der Vorkriegszeit passiert ist, und zwar zeitgleich zu dem, was damals in Deutschland geschehen ist.

Aber ich habe die jungen Menschen nicht ansprechen können. Das Buch ist teuer, und die jungen Leute haben offensichtlich Angst vor dicken Büchern. Ich sehe auch bei meinen Vorträgen, daß mein Publikum im Schnitt älter als fünfzig ist. Die im Alter zwischen zwanzig und dreißig, die ich gern als Zuhörer hätte, machen häufig nur einen sehr geringen Teil meiner Hörer aus.

Sprechen Sie diesen Mangel bei Ihren Vorträgen an? Fragen Sie die Zuhörer, wo sie ihre Kinder und Enkel gelassen haben?
Kinder und Enkel lassen sich heutzutage nicht mehr in Vorträge schleppen. Aber ich fordere meine Zuhörer schon auf, Überzeugungsarbeit bei ihren Enkeln zu leisten, ihnen mein Buch oder die dazugehörenden Hörbücher zu geben und anschließend mit ihnen darüber zu sprechen. Die Enkel um die 14 bis 19 Jahre sind in aller Regel neugierig.

Ab und zu werde ich von jungen Interessierten aus der

Jungen Union oder aus der Bundeswehr zum Vortrag eingeladen. Bisher ist noch jede solche Veranstaltung nach ergangener Einladung von »Oben« verboten worden. So lernen junge Demokraten und junge Soldaten zwar, daß ihr im Grundgesetz verbrieftes Informationsrecht im konkreten Einzelfall nichts wert ist, aber sie lernen leider nichts über Europa vor dem Zweiten Weltkrieg. Nun will ich aber nicht zuviel von jungen Hörern reden; ich freue mich natürlich auch über jede Vortragseinladung zu den älteren Semestern.

Ich habe von einem Gespräch gehört, das Sie mit einer Schülerzeitung führten?
Das war eine unglückliche, aber gerade dadurch sehr lehrreiche und bezeichnende Geschichte: Redakteure einer Schülerzeitung fragten über meinen Bekanntenkreis an, ob ich nicht bereit wäre, mich einmal den Fragen der Redaktion zu stellen. Münden sollte das in einem Artikel. Das Gespräch fand statt und war von der Atmosphäre und vom Inhalt her positiv. Aber am Ende dieses Informationsgespräches rückte ein Schüler damit heraus, daß der Artikel bereits geschrieben und gedruckt sei. Dieser Artikel war haßtriefend, das war wirklich eine ganz faule Kiste. Das war kein Spiel mehr, das war schäbig. So traurig endete also der bisher einzige Versuch einer Auseinandersetzung mit Schülerfragen. Der Chefredakteur der Schülerzeitung hat inzwischen

eine Unterlassungserklärung unterschrieben, daß er keine unwahren Behauptungen mehr über meine Vortragszuhörer und mich verbreiten wird, aber der Schaden war erst einmal entstanden.

Mit schlechter Presse haben Sie doch sicher zu leben gelernt, oder?
Die Medien sind mal fair und mal unfair. Solange ich persönlich vor Berichten über mich interviewt worden bin, habe ich nur in Ausnahmefällen miesen Journalismus erlebt. Einmal hatte ein Fernsehteam fast zwei Stunden Interview mit einer anschließend gehaltenen Rede von mir »im Kasten«. Ich hatte da der Ordensgemeinschaft der Ritterkreuzträger die Festansprache zu ihrer 50-Jahr-Feier gehalten und vorher ein sehr langes Interview gegeben. Anschließend hat der Sender RBB das Interview weggelassen, aus meiner Rede nur einen Satz gebracht, danach geschnitten und dann eine Exhumierung von Kriegstoten eingeblendet. Das war infamste Manipulation der Zuschauer. Die Kriegstoten hatten weder etwas mit meinem Interview noch mit der Rede, noch mit den Ritterkreuzträgern, geschweige denn mit mir zu tun. Hier hat der RBB ein Klischee bedient und falsche Assoziationen bei den Zuschauern erzeugt. Das war genau die Methode der Propaganda im Zweiten Weltkrieg. Das gehört nicht in unsere Medien.

Negative Berichterstattung ist eher üblich, wenn zuvor

kein Gespräch zwischen dem Journalisten und dem »Opfer« seiner Berichterstattung stattgefunden hat. So etwas ist wie ein Überfall aus dem Hinterhalt: Heckenschützenjournalismus.

Generell will ich mich aber nicht beklagen. Meist habe ich vor der Berichterstattung die Chance gehabt, mich zu äußern. Das fand ich fair. Manchmal läuft das sogar noch besser. Ich denke zum Beispiel an unsere Regionalzeitung. Der Chefredakteur denkt sicherlich in vielen Dingen politisch anders als ich, aber wir haben ein vernünftiges Gesprächsverhältnis. Jeder weiß, wo der andere steht, und wir können uns in die Augen sehen und Dinge diskutieren, ohne daß einer dem anderen ein Bein stellen will. Als mein Buch *1939. Der Krieg, der viele Väter hatte* erschien, hat er angeboten, das Buch besprechen zu lassen und mir eingeräumt, nach der Buchbesprechung selbst die gleiche Zeilenzahl über mein Buch in seiner Zeitung schreiben zu dürfen. Die Buchbesprechung wurde dann von einem ehemaligen Bundestagsabgeordneten verfaßt, eine halbe Zeitungsseite lang und mit dem Buchcover fast in Postkartengröße. Das war einerseits eine schöne Werbung, andererseits hatte der Abgeordnete mein Buch nach Strich und Faden verrissen. Nur stand der Herr offensichtlich nicht im Stoff, wie man so sagt. Er hat keine meiner Aussagen widerlegt, außer daß er behauptete, das würde alles nicht stimmen. Dann ließ er sich über meinen Antiamerikanismus aus, den er meinte, aus dem Buch herauslesen zu können und dann verwurstete er auch noch die Hohmann-Affäre in seinen Text. Die hatte nun wirklich nichts mit meinem Buch zu tun. Der Chefredakteur hat sein Versprechen gehalten und mir drei Tage später den gleichen Raum an gleicher Stelle in seiner Zeitung eingeräumt. Die vorhergegangene unkompetente Buchbesprechung war eine Steilvorlage. Ich konnte mein Buch nun auf einer halben Zeitungsseite selbst vorstellen. Nach meinem Beitrag hat es im Zwei-Tages-Rhythmus noch monatelang Leserbriefe zum Buch gegeben, immer im Wechsel mit Stimmen für das Buch und dagegen. Das halte ich für fairen Journalismus.

Hat das Buch und hat der Erfolg dieses Buches Ihr Leben verändert? Es ist ja so, daß das Buch auch nur zweitausend Leser hätte finden können. Dann wäre alles so geblieben wie es vorher war. Aber es ist ja nun etwas anders gekommen. Es ist ein richtiges Projekt geworden.

Das ist ein guter Ausdruck. Ja, mein Buch ist ein Projekt geworden. Dadurch, daß ich eine umfangreiche Leserkorrespondenz führe, Reaktionen bekomme, Anfragen erhalte, Zweifel an meinen Ausführungen höre, setze ich mich immer wieder mit dem Thema auseinander. Der Professor, der mich bei meinen Arbeiten beraten hat, hat mir sehr früh den klugen Rat gegeben: »Vertiefen Sie sich in Ihr eines Thema, bleiben Sie bei diesem Thema, arbeiten Sie weiter daran, dann sind Sie eines Tages für jeden Historiker auf

Ihrem Spezialgebiet satisfaktionsfähig. Wenn Sie jetzt Ihr Thema erweitern und noch über die Geschichte des Krieges selbst arbeiten, haben Sie nachher soviel oberflächliche Ahnung wie jedermann. Bleiben Sie bei der Vorgeschichte des Krieges, dann sind Sie später auch nicht leicht zu schlagen.« Diesen Rat befolge ich weitgehend, und so arbeite ich ständig am Thema meines Buchs weiter.

Ich entdecke auch immer wieder etwas Neues, auch historische Geschehnisse der Vorkriegszeit, die bisher noch nicht in der Literatur verarbeitet worden sind. Es gibt beispielsweise Leser, die mich anschreiben und das eine oder andere bezweifeln. Ich nehme solche Widerlegungsversuche sehr ernst und bohre dann solange nach, bis ich herausgefunden habe, was stimmt: die Behauptung meines Lesers oder meine. An manchen Anfragen sitze ich ein paar Minuten, und an anderen Anfragen sitze ich drei Monate, bis ich Klarheit habe. Manche Leser sind auch Zeitzeugen und im Besitz bisher noch nicht veröffentlichter Akten. So bleibt das Thema für mich spannend.

Planen Sie so etwas wie ein Folgeprojekt über die fachliche Auseinandersetzung mit Ihren Lesern? Eva Herman hat das beispielsweise so gemacht, daß sie ihrem Bestseller über die Fehler der Emanzipation nach kurzer Zeit ein Buch folgen ließ, das Liebe Eva Herman *heißt und kritische und zustimmende Briefe von Lesern verarbeitet. Wie wäre es mit* Lieber Herr General*?*

Über diese Idee habe ich auch schon nachgedacht, aber ich will so etwas nicht machen, vorläufig jedenfalls nicht. Erstens weil ich durch Vorträge, Korrespondenzen, kleine Zeitungsartikel, mein Internetbuch und anderes völlig ausgelastet bin. Und zweitens möchte ich auch noch etwas Zeit für meine Frau, unsere Kinder und Enkel übrig haben.

Biographisches

Bevor wir ausführlich auf das Buch und seine Kernthese sowie auf Ihre metapolitische Strategie zu sprechen kommen, sollten wir über Ihr Leben vor diesem Buch sprechen. Sie haben ja das Ende des Kriegs, dessen Vorgeschichte Sie so intensiv bearbeiten, noch erlebt. Was haben Sie davon mitbekommen?
Interessant, daß Sie mich hier in Schnellroda danach fragen, denn ich hab das Kriegsende hier vor der Tür erlebt, in Halle-Süd. Ich kann mich noch daran erinnern, wie ich als Kind auf dem Standort-Übungsplatz war, nicht weit von der Gegend, wo heute die Plattensiedlung Halle-Neustadt steht. Ich habe dort einmal der Infanterieausbildung zugesehen. Außerdem habe ich die vielen Nächte, die wir wegen der Bombenangriffe im Keller zubringen mußten, in Erinnerung. Dann ging es auf das Kriegsende zu, und ich erinnere mich, daß vor unserem Haus in Bergmannstrost ein Panzergraben ausgehoben wurde. Er wurde wenige Tage später wieder zugeschüttet. Kaum war er zugeschüttet, kamen die Amerikaner. Sie haben in unserer Straße geschossen. Wir saßen erst im Keller, dann im Haus und haben ab und zu hinter den Vorhängen vorgeschaut, was draußen passierte.

Die Amerikaner haben Halle rasch eingenommen. Nach einigen Wochen wurden wir an die Russen übergeben. Das war ein Zirkus! Die Russen waren mit ihren kahlrasierten Köpfen für uns zuerst ein ungewohnter Anblick. Sie fielen bei uns im Krankenhaus Bergmannstrost über die Vorräte an vergälltem, medizinischem Alkohol her. Ich erinnere mich daran, wie die an diesem Alkohol gestorbenen Russen auf offenen Lastwagen liegend abtransportiert und auf dem Friedhof Süd beerdigt wurden. Dann erinnere ich mich daran, daß wir Kinder den Russen immer wieder ihre auf der Erde verlegten Fernmeldekabel geklaut haben, weil die so schön bunt isoliert waren. Man konnte mit den biegsamen Kupferkabeln sehr schön spielen.

So habe ich das als kleiner Junge erlebt. Zu meinen starken Erinnerungen gehören vor allem die häufigen Bombardierungen zu Kriegsende. Wir haben auf unser Grundstück Bergmannstrost insgesamt dreiundzwanzig Bomben abbekommen, ein paar davon unmittelbar neben unser Haus. Ich muß aber sagen, daß ich den Krieg insgesamt nicht als schlimm erlebt habe. Ich kannte als kleiner Junge ja nichts anderes, und meine Familie ist intakt geblieben. Vater blieb am Leben, Mutter auch, die Brüder auch, und von daher hatte die Kinderseele immer etwas, worauf sie sich zurückziehen konnte. Manchmal haben nachts die Häuser links und rechts gebrannt, aber bei uns ist eben Gott sei Dank keine Bombe durchs Dach gegangen. Wir hatten keinen Toten in der engeren Familie zu beklagen. So habe ich das alles seelisch und körperlich gut überstehen können.

Was hat Ihr Vater im Krieg gemacht?
Mein Vater war in Frankreich eingesetzt. Er war im Zivilleben Jurist. Als solcher war er eine Zeit lang Chef der Verkehrspolizei von Paris und später Pflichtverteidiger für französische Spione.

Ihre Familie hat Halle bald nach dem Krieg verlassen, Sie sind im Westen aufgewachsen. Wann war das?
Wir sind 1947 am Nikolaustag im Westen in Kassel angekommen. Weil es eben der Nikolaustag war, hab ich das Datum noch so in Erinnerung. Und ich erinnere mich auch, wie grauenhaft Kassel damals ausgesehen hat. Es war eine Stadt, die nur noch aus Trümmern bestand.

Und der weitere Werdegang? Sie waren in der Schule, im Gymnasium, und haben sich dann irgendwann entschieden, Soldat zu werden. Oder haben Sie vorher noch etwas anderes gemacht?
In der Nachkriegszeit war der Soldatenberuf ja für uns nicht offen. Ich wollte also zunächst Geologie studieren, das hing mit meiner Familie zusammen. Dann wurde 1956 die Bundeswehr aufgestellt, und ich faßte bald den Entschluß, die Offizierlaufbahn einzuschlagen. Auch das hatte einen familiären Hintergrund. In unserer Familie gab es viele Offiziere, und der Beruf war in meiner Verwandtschaft angesehen. Vor der Berufswahl lag die Schulzeit. Ich war als Schüler zehn Jahre lang Mitglied im Christlichen Verein Junger Männer.

Da haben wir regelmäßig Heimabende gehalten, Zeltlager besucht, Wanderungen und Geländespiele gemacht. Das alles war im Grunde, ohne daß mir das zu der Zeit schon bewußt war, eine gute Vorbereitung auf den Soldatenberuf. Anfangs habe ich als Jüngster mit zehn Jahren nachts alleine das Zeltlager unserer Gruppe bewachen müssen, wenn die Älteren zu ihren Nachtgeländespielen abgezogen sind. Da habe ich die ersten Male ganz schön Angst gehabt, wenn ich alleine als Wache im Wald zurückblieb. Aber auch das hat mich auf meinen Beruf vorbereitet. Ich habe mich später nachts, im Wald und in der Natur mit traumwandlerischer Sicherheit bewegen können. Etwas älter, als junge Gruppenführer und Stammesführer mußten wir dann die Heimabende, die Fahrten und die Zeltlager selbst planen und vorbereiten. Während der Heimabende haben wir Gruppenführer unsere Gruppen unterrichtet. Ich habe dabei natürlich auch die wöchentliche Bibellesung gehalten, das gehörte dazu. Insgesamt hat mich mein Leben in solch einer Jugendorganisation mit unseren Führungsaufgaben unter ganz jungen Menschen, mit den regelmäßigen Zeltlagern, Wanderungen und Geländespielen in freier Natur bestens auf den späteren Beruf vorbereitet.

Vom Handwerklichen jetzt einmal abgesehen: Haben Sie die Diskussion um die Wiederbewaffnung mitverfolgt? Wie haben Sie über diesen Schwenk gedacht, den die Alliierten gemacht

haben, weil man die Deutschen auch als Soldaten plötzlich wieder gebraucht hat?
Als das diskutiert wurde, war ich 14 und 15 Jahre alt. Ich glaube nicht, daß man solche politischen Vorgänge in dem Alter schon durchschaut.

Die Wiederbewaffnung ist in unserer Familie und an unserem Gymnasium, soweit ich mich erinnere, nicht generell abgelehnt worden. Ich erinnere mich, daß ich als Klassensprecher jedes Jahr zur Abiturfeier mit eingeladen war. Bei diesen Abiturfeiern wurde immer verlesen, wie viele Abiturienten welche Berufe anstrebten. Da wurde aufgezählt: Neunzehn Juristen, sechzehn Ärzte, und so weiter. 1956 wurde zum ersten Mal am Ende dieser langen Aufzählung »ein Offizieranwärter« aufgerufen. Da ging Beifall durch die Aula.

Hat es Sie nicht erschreckt, daß es im Ernstfall auch gegen Deutsche gehen könnte, die vielleicht aus Ihrem Heimatort stammten?
Diese Frage hat mich von Anfang an bewegt. Mich hat das Schicksal unseres getrennten Landes immer berührt, und ich habe auch immer daran geglaubt, daß ich die Wiedervereinigung erlebe. Mich hat erst vor kurzem wieder jemand darauf angesprochen, daß ich schon einige Zeit vor der Wiedervereinigung nach einer Übung vor Soldaten gesagt habe, wir würden demnächst die Wiedervereinigung erleben. Er

sagte, er hätte das damals für Traumtänzerei gehalten. Als das erste Mal in der Bundeswehr – in der Zeitschrift *Soldat und Technik* glaube ich – eine Diskussion darüber geführt wurde, ob es zur Wiedervereinigung komme und wie mit den Kameraden von der NVA umzugehen sei, da war ich der einzige von den Schreibern, der sich damals für eine Wiedervereinigung auf gleicher Augenhöhe ausgesprochen hat, während viele meiner Offizier-Kameraden die NVA-Kameraden völlig abgelehnt haben. Viele Bundeswehr-Offiziere hatten in 45 Jahren deutscher Teilung ihr Nationalbewußtsein verloren. Mein Herz war immer auf beiden Seiten der innerdeutschen Grenze.

Schon damals, als Sie in die Bundeswehr eintraten? Da stand doch der »Kalte Krieg« im Vordergrund, also noch die Wiederbewaffnung.
Als ich junger Offizier wurde, da war die Wiedervereinigung tatsächlich überhaupt nicht in Sicht. Es mußten noch mehr als drei Jahrzehnte vergehen. Trotzdem habe ich nie vergessen, daß ich in Weimar geboren bin und in Halle und Bad Kösen zur Schule gegangen bin.

Wann sind Sie eingetreten?
1959.

Wie stark waren die ersten Jahrgänge?

Unsere Offizieranwärter-Jahrgänge waren zu Beginn sehr stark. Zwischen 1945 und 1956 gab es keine Offizieranwärter, außer den wenigen, die zur Bereitschaftspolizei und zum Grenzschutz gingen. So fehlten der Bundeswehr elf Jahrgänge. Man heuerte also in unseren jungen Jahrgängen dreimal mehr Offizieranwärter an, als es dem Normalsoll entsprach. Unser Offizieranwärter-Jahrgang 1959 bestand aus 830 Anwärtern.

Deutschland hat den Krieg verloren, und der Krieg hatte und hat ja offiziell nur »einen Vater« und nicht »viele Väter«. Wie war das mit der Traditionsbildung? Nach der offiziellen heutigen Diktion haben vor allem die sogenannten Täter die Bundeswehr aufgebaut.

Als ich zur Schule ging, und als ich danach in die Bundeswehr eintrat, hatten die meisten Lehrer und Ausbilder selbst als Soldaten am Kriege teilgenommen. Die haben sich offensichtlich selber nicht als Täter empfunden. Auch wir haben sie nicht als Täter angesehen und hätten sie niemals als Täter bezeichnet. Sie haben von ihrer Kriegszeit wie von einer Pflichtzeit gesprochen, in der sie das getan haben, was jeder anständige junge Mann tut, wenn ihn das Vaterland ruft. So haben auch wir diese Männer gesehen. Diese Sicht der Wehrmacht ist ja erst mit den Achtundsechzigern gekippt. Vorher war derjenige, der im Krieg seine Pflicht getan hatte und dann Lehrer geworden war oder später Offizier und Ausbilder, ein anständiger Mensch. Daß man der relativ wenigen Verbrechen wegen, die man Wehrmachtsangehörigen anlastet, die Masse aller am Krieg Beteiligten auf einmal in eine Pauschalhaftung genommen hat, ist erst in den siebziger Jahren geschehen. Mit so einer Pauschalhaftung haben wir uns in den frühen Bundeswehrjahren nicht herumplagen müssen.

Wie haben Ihre Ausbilder untereinander über den Krieg gesprochen?

Der Krieg war Teil ihrer Biographie. Sie hatten offensichtlich keine Schwierigkeiten damit. Es gab die Kenntnis, daß da und dort Verbrechen passiert sein sollten. Ich habe auch nicht in Erinnerung, daß die schöngeredet worden sind. Ansonsten habe ich die Unterhaltung der Kriegsgedienten nur mitbekommen, wenn sie sich in der taktischen und in der Gefechtsausbildung über ihre Kriegserfahrungen im Kampf ausgetauscht haben. Dabei ging es in den ersten Bundeswehrjahren darum, uns Jungen ihre Kriegserfahrungen weiterzugeben.

In unserer Ausbildung ist auch gelehrt worden, was man im Kriege tun darf und was Kriegsverbrechen sind. Dabei wurden aber keine konkreten Beispiele aus dem Zweiten Weltkrieg herangezogen. Die Unterrichtungen über das Kriegsvölkerrecht haben uns das Gewissen in punkto Kriegsverbrechen geschärft. Eine pauschale Verurteilung von Wehrmacht und Waffen-SS hat es damals aber nicht gegeben. Die ist erst später aufgekommen. Sie ist wie eine Gehirnwäsche über das deutsche Volk gekommen, wie ein Virus im Computer, von Außen eingepflanzt und von Innen gewuchert. Heute glauben selbst die aktiven Bundeswehrsoldaten an den verbrecherischen Charakter der Wehrmacht.

Mich interessiert immer sehr die Atmosphäre jener Jahre, in denen die Beurteilung der nahen Geschichte umschlug. Ich kenne die These von einer gezielten Umerziehung, von einer gezielten Gehirnwäsche, von einem gezielten Umbau bestimmter Mentalitäten und von einer bestimmten Sicht auf die Geschichte. Und ich kenne Berichte darüber, daß plötzlich ein Punkt erreicht war, von dem an sozusagen von heute auf morgen anders geredet wurde.

Es gibt da zwei Dinge zu betrachten: die Umerziehung oder die Gehirnwäsche unmittelbar nach dem Kriege und die spätere Neubewertung der Wehrmacht im Dritten Reich. Die Umerziehung fing sofort nach der deutschen Kapitulation in den englischen, amerikanischen und sowjetischen Kriegsgefangenenlagern an. Hier haben die Sieger am politischen Bewußtseinswandel der Besiegten gearbeitet. Das war für die Engländer und Amerikaner nicht so schwer, weil sie die nationalsozialistische Beeinflussung der Jahre davor ganz leicht mit den Berichten und Filmen über die deutschen Greueltaten in den KZ zum Kollabieren bringen konnten. Bei dieser Umerziehung wurden alle anderen deutschen

Besonderheiten, ob böse oder gute, wie in einem Strudel mit hinweggerissen. Die deutschen Kriegsgefangenen hielten die Engländer und Amerikaner damals für glaubwürdig. Sie konnten nicht ahnen, daß ihnen dabei mit den Greueltaten des Dritten Reichs auch gleich die Siegerversion der Entstehungsgeschichte des Zweiten Weltkriegs, nämlich die deutsche Alleinschuld, mit untergeschoben wurde. Also: Die aus der englischen und amerikanischen Kriegsgefangenschaft heimgekehrten Soldaten waren bereits kurz nach dem Kriege umerzogen. Das hat man damals *reeducation* genannt.

Etwas anders liefen die Umerziehungsversuche an deutschen Kriegsgefangenen in der sowjetischen Kriegsgefangenschaft. Dort hat es die Versuche auch gegeben, meist verknüpft mit dem Versprechen der Verpflegungsaufbesserung und andere Besserstellungen für willige Konvertiten. Diesen Verlockungen ist dann aber nur ein geringer Teil der Kriegsgefangenen erlegen. Die meisten deutschen Kriegsgefangenen sind auf diese plumpe Art der sowjetischen Gehirnwäsche nicht eingegangen, auch weil sie von den vielen Kriegsverbrechen der Roten Armee im Kriege wußten und weil sie den großen Zivilisationsunterschied zwischen Deutschland und der damaligen Sowjetunion als Barriere empfunden haben.

Ich möchte auf Ihr Stichwort von der sogenannten Gehirnwäsche zurückkommen. Als ich junger Offizier war, ist uns die Gehirnwäsche der Chinesen an den amerikanischen Kriegsgefangenen des Koreakrieges geschildert worden. Ich nehme an, daß man uns damals die Gefahr deutlich machen wollte, die uns in einem zukünftigen Krieg blühen könnte, wenn wir in sowjetische Gefangenschaft gerieten. Ich war der Überzeugung, daß die Gehirnwäsche eine chinesische Besonderheit sei. Was wir jungen Offiziere wohl damals alle nicht gesehen haben, und was offensichtlich die Wehrmachtsoffiziere auch nicht begriffen hatten, war, daß man das gleiche mit ihnen in den englischen und amerikanischen Gefangenenlagern gemacht hatte. Man hatte ihnen dort zum Beispiel Filme mit zum Teil nachgestellten, also gefälschten Szenen gezeigt, um sie über die »Verbrechen« der Wehrmacht »aufzuklären«. Dabei wurden auch Verbrechen hinzuerfunden, um ihr soldatisches Selbstbewußtsein zu brechen. Man hat ihnen das Geschehen im Dritten Reich selektiv nur mit den Schattenseiten vorgestellt. Von dem, was in dieser Zeit normal oder sogar ehrenvoll und ritterlich gelaufen war, hat man nichts gezeigt. Damit wurde alles, was im Dritten Reich passiert war, umgewertet und auch Gutes ins Schlechte gewendet. Man kann da viele Beispiele finden.

Sie erwähnten eben noch die spätere Umwertung der Wehrmacht. Das was Sie gerade schildern, fand aber doch gleich nach Kriegsende statt.

Dann komme ich erst einmal zu einer Zwischenperiode.

Wir haben in den ersten 30 Bundeswehrjahren immer zwischen dem unterschieden, was da im Dritten Reich politisch falsch gelaufen ist und dem, was der Soldat oder was die Truppe geleistet hat. Das hat man getrennt betrachtet, ohne die Wehrmacht dabei zu glorifizieren. Ich selbst war ja zu einer Zeit als Lehrer an der Führungsakademie der Bundeswehr, als von einer Verherrlichung der Wehrmacht überhaupt keine Rede sein konnte. Und da haben wir Dozenten selbstverständlich kriegsgeschichtliche Beispiele aus der Wehrmachtszeit genommen, um den angehenden Generalstabsoffizieren beizubringen, wie man große und geniale Heeresoperationen leitet. Selbst die Engländer, die Israelis, die Amerikaner und andere haben die Wehrmachtsschlachten ausgewertet und sie als Beispiel für geniale Operationsführung oder für beispielhafte Führung in ihre Ausbildung übernommen und ihren jungen Offizieren nahegebracht. Auch die Amerikaner, die Israelis und andere haben selbstverständlich immer zwischen dem getrennt, was glanzvolle Operationsführung gewesen ist, und dem, was politisch falsch und zum Teil verbrecherisch gewesen ist. In der Bundeswehr haben wir das eine im Taktikunterricht und das andere im Staatsbürgerlichen Unterricht behandelt. Dennoch hat es auch damals schon viele Falschberichte und Fälschungen zu Ungunsten der Wehrmacht in der Geschichtsschreibung gegeben. Das ist das eine.

Wann setzte dann die anschließende Neubewertung der Wehrmacht ein, und was war der Kernpunkt der damit verbundenen Umerziehung?
Mit dem Älterwerden der Kriegsgeneration und mit der Demontage ihres Einflusses durch die 68er-Bewegung setzte sich die völlig einseitige Darstellung der deutschen Vorkriegs- und Kriegsgeschichte durch. Die Alten wurden weniger und psychisch schwächer, und sie konnten und wollten sich nicht mehr wehren. So wurde die Geschichte jener unglückseligen Epoche nur noch mit dem Zerrspiegel eines Teiles jener nachwachsenden Generation betrachtet, der in den späten 60er Jahren angetreten war, alte Autoritäten und Strukturen zu zerstören. Denken Sie an die eindrucksvolle, aber zusammengepfuschte sogenannte Wehrmachtsausstellung. Mit dem Marsch der 68er durch die Institutionen ist in den 90er Jahren auch das Zerrbild von Geschichte in den höchsten Rängen angekommen. So darf es nicht wundern, daß die offizielle Darstellung der Wehrmacht in den 90er Jahren von neutral zu negativ gekippt ist.

Inzwischen glaubt das ganze deutsche Volk, daß buchstäblich alles, was sich im Dritten Reich ereignet hat, alles, was bei der Wehrmacht geschehen ist, und alles, was bei der Waffen-SS passiert ist, insgesamt verbrecherisch gewesen ist. Ich will Ihnen ein Beispiel geben. Wenn man an die deutsche Besatzungszeit in der Sowjetunion denkt, ist die im kollektiven Geschichtsbewußtsein der Nachkriegsgeneration ausschließlich zu einer Zeit der unterdrückenden Besatzungsherrschaft geworden. Eigentlich gehört zu dieser Geschichte und zur ganzen Wahrheit auch, daß es neben deutschen Zerstörungen und Greueltaten in der Sowjetunion auch eine andere Seite der Medaille gab. Die Sowjets haben beispielsweise bei ihrem Rückzug »verbrannte Erde« hinterlassen. Sie haben ihre Zivilbevölkerung ohne Nahrungsmittel, ohne Landmaschinen, mit unbrauchbar gemachten Molkereien, Schlachthöfen und Mühlen ihrem Schicksal überlassen. So hatte die deutsche Besatzungstruppe, nachdem sie die russische Bevölkerung so vorgefunden hatte, erst einmal fünfzehntausend Landwirte aus Deutschland folgen lassen, die beim Wiederaufbau der Landwirtschaft und der Ernährungswirtschaft im besetzten Rußland geholfen haben. Die Wehrmacht hat außerdem recht schnell hier in Deutschland siebenhunderttausend Sensen fertigen und in die Sowjetunion bringen lassen, dazu Zuggeschirre und Ersatzteile, damit die Bauern in Rußland überhaupt wieder etwas ernten konnten und um eine Hungersnot unter der besetzten Bevölkerung zu verhindern. Das sind bloß zwei kleine Beispiele für die andere Seite derselben Geschichte, der Geschichte der Besatzungszeit. Man muß beide Seiten erzählen, sonst haben wir das, was man Umerziehung oder Gehirnwäsche nennt: Das andere, das Normale und das Positive, wird damit aus dem kollektiven Gedächtnis eines Volkes gelöscht. Die systematische Zerstörung des Bildes von der Wehrmacht hat in den 90er Jahren stattgefunden.

Ein anderes Thema! Ab wann wurden Sie denn aus dem Kreis Ihrer Rekruten mit einer anderen Grundorientierung konfrontiert? Sie waren ja 1968/70 sicher schon Hauptmann, also Kompaniechef oder im Brigadestab. Gab es einen Umschlagspunkt, an den Sie sich erinnern können, einen Wendepunkt, von dem ab die jungen Leute irgendwie anders waren?
Nein, einen Umschlagspunkt kann ich nicht ausmachen. Das hat sich wohl eher schleichend vollzogen. Die Zugführer- und Kompaniechefzeit ist die Zeit mit den intensivsten Berührungen mit den Mannschaften. In meiner Kompaniechefzeit hat es andere Probleme gegeben. Da ging es für viele Wehrpflichtige immer noch um die Frage: »Diene ich oder bin ich eher einer, der nicht dienen will?« Wir haben viele Rekruten bekommen, die zwar dem Einberufungsbefehl gefolgt sind, die aber immer noch an der Einstellung »ohne mich« und »eigentlich will ich ja gar nicht« kränkelten. Also haben wir die jungen Männer davon überzeugt, daß es den Einsatz des eigenen Lebens wert sein kann, sein Vaterland zu verteidigen. Um diese Frage ging es vor allem, als ich Zugführer und Kompaniechef war.

Was kam danach?
Kompaniechef war ich bis 1968. Wichtig ist für mich die

Zeit gewesen, in der ich von 1980 bis 1984 Lehrer an der Führungsakademie gewesen bin. Das war die Zeit, in der sich die 68er voll ausgetobt haben, und in der es um die Nachrüstung ging. Da wurde draußen heiß debattiert. Ich bin damals von der Führungsakademie aus oft in evangelische Gemeinden in Niedersachsen, also in die Landeskirche Hannover, und in die Nordelbische Kirche geschickt worden, um dort in Diskussionen die Regierungsauffassung zur Nachrüstung zu vertreten. Eigentlich wäre das die Aufgabe von Politikern gewesen, aber man hat uns Offiziere an die Front geschickt. Damals habe ich mich also mit Kirche, mit Pastoren, mit Gemeinden auseinandergesetzt und nicht mit unseren Soldaten. Ich bin auch für zwei Jahre Mitglied eines Unterausschusses der Synode der Nordelbischen Kirche gewesen. In diesem Ausschuß ging es immer wieder um die Frage, ob nachgerüstet werden sollte oder nicht, und wie man die Kieler Arbeiter in der Rüstungsindustrie zur Arbeitsverweigerung bringen könnte und um Ähnliches. Die meisten Pastoren aus der Nordelbischen Kirche, die mir dabei begegnet sind, haben damals die Auffassung vertreten, daß die DDR das bessere Deutschland sei. Ich habe bei den Ausschußsitzungen oft das Gefühl gehabt, ich sitze bei der DKP oder bei der KPD. Die Ausschußmitglieder waren fast alle völlig linksgestrickte Menschen. Im Ausschuß gab es nur zwei Pastoren, die mit mir die Verteidigungsanstrengungen der Bundesrepublik vertraten. In dieser Periode waren nicht unsere jungen Soldaten anders geworden, sondern man konnte als Soldat den Eindruck bekommen, daß die Bevölkerung anders geworden war. In Wirklichkeit handelte es sich dabei aber nur um die lautstarken linken Meinungsmacher in der Bevölkerung.

Mit den Mannschaften und mit den Unteroffizieren bin ich dann erst wieder als Brigadekommandeur in Kontakt gekommen. Ich habe einmal pro Quartal mindestens eine Stunde, manchmal auch einen ganzen Tag, in jeder meiner 27 Kompanien verbracht, um wieder Einfluß auf die Soldaten zu gewinnen und um zu merken, was die wollen, wie sie fühlen, wie unsere Ausbildung ankommt, wo der Schuh drückt und um meine eigenen Vorstellungen weiterzugeben. Zu der Zeit war das Thema »Nachrüstung« weitgehend durch. Es stand wieder die Vorstellung im Vordergrund, daß wir notfalls unser Land verteidigen können müßten.

Hat die Bundeswehr eigentlich als Institution versucht, der Politisierung der Soldaten entgegenzuwirken?

In der Bundeswehr gab es immer die politische Ebene des Ministers und seiner Umgebung und die militärische darunter. Jede politische Leitung der Bundeswehr hat mit mehr oder weniger Erfolg versucht, das Militär in ihr Fahrwasser zu ziehen. Die militärische Spitze ist dafür zu verschiedenen Zeiten unterschiedlich durchlässig oder fest gewesen. Das eigentliche Kippen des politischen Klimas in Deutschland hat sich natürlich auch auf die militärische Bundeswehr übertragen. Das passierte, als die 68er bis nach oben durchmarschiert waren.

Sie waren eingebunden in den politischen Unterricht der Offiziere. Wie haben Sie das empfunden? Da mußten Sie ja irgendwann als Staatsdiener Entwicklungen erklären, die der Armee nicht dienlich waren.

Im großen und ganzen war ich nicht in der Zwickmühle. Denn ich habe ja immer den Staat und seine Politik vertreten müssen, und die Regierung stand immer dafür, die Bundesrepublik Deutschland zu schützen. Dahinter habe ich immer mit voller Überzeugung gestanden. Ob der Verteidigungsminister von der CDU oder von der SPD kam, war dabei völlig egal. Jeder Minister hat in dieser Frage ganz fest zu unserer Position gestanden. Die Minister Schmidt, Apel und die anderen haben da nichts anbrennen lassen. In der Grundüberzeugung, Deutschland notfalls zu verteidigen, stand man stets zusammen.

Was hingegen der Bundeswehr aus meiner Sicht nicht dienlich war, habe ich auch vor Untergebenen in meinen Unterrichten kritisiert. Man kann vor seinen Soldaten durchaus erklären, warum die politische und die militärische Sicht der Dinge manchmal auseinanderklaffen.

Und auf das Geschichtsbild bezogen?
Über den angemessenen Umgang mit der eigenen militärischen Geschichte hat es immer Auseinandersetzungen gegeben, wenn neue Traditionserlasse diskutiert wurden. Ein richtiger und heftiger Streit um unsere Geschichtsauffassung zum Zweiten Weltkrieg und zur Rolle deutscher Soldaten in diesem Krieg fing allerdings erst mit der sogenannten Wehrmachtsausstellung an. In dieser mit viel Geld gesponserten Ausstellung wurde dem öffentlichen Bewußtsein suggeriert, daß nicht nur die Waffen-SS, sondern auch die Wehrmacht verbrecherisch gewesen wäre. Die Bundeswehrführung war unfähig und unwillig, dieser Pauschalverurteilung einer ganzen deutschen Soldatengeneration entgegenzuwirken. So hat sich die Auffassung von der verbrecherischen Deutschen Wehrmacht nicht nur in der zivilen Bevölkerung, sondern auch in der Bundeswehr breitgemacht.

Diese Ausstellung ging ja durch die ganze Republik. Viele aus der Politprominenz, bis hin zur damaligen Präsidentin des Bundesverfassungsgerichts, Jutta Limbach, die von dem fraglichen Abschnitt der Geschichte offensichtlich kaum eine fundierte Ahnung hat, haben die Ausstellungen eröffnet. Mit dieser Ausstellung ist die Stimmung der Bevölkerung gegenüber den Soldaten der Vätergeneration gekippt. Auf der rechten Seite hat es leider nie einen Sponsor gegeben, der eine Gegenausstellung finanziert hat. Es hätte wohl auch nichts bewegt. Die Hexenjagd war eröffnet.

Heißt das, daß bis dahin letztlich in der Bundeswehr die Welt noch in Ordnung war?

Bezogen auf das Verhältnis zur Wehrmacht schon. Wir hatten in der Bundeswehr ja militärisch das gleiche Problem zu lösen wie die Wehrmacht vor uns: möglicherweise einen Krieg im Rahmen eines Bündnisses mit großen Heeren, großen See- und Luftstreitkräften zu führen, also keinen Kleinkrieg, sondern den großen konventionellen Krieg. So war das, worauf wir uns vorzubereiten hatten, die operativ ausgereifte und technisch weiterentwickelte Art, den gleichen Krieg zu führen. Es kamen die atomare und die elektronische Kriegsführung hinzu. Aber es war letztlich das gleiche operative Problem, vor dem schon die Wehrmacht in der zweiten Hälfte des Kriegs gestanden hatte, nämlich wie bekämpft man mit den begrenzt verfügbaren Heeres- und Luftwaffenkräften die dreifache Zahl von gegnerischen Kräften? Das hat die Wehrmacht meist bravourös gelöst, und da haben wir uns unsere Lehrbeispiele geholt. Auch unsere heutige Auftragstaktik ist von der Wehrmacht übernommen worden. Sie ist bereits vor der Wehrmacht entstanden, durch die Wehrmacht weiterentwickelt und von ihr an uns weitergegeben worden. Keiner – von ein paar schrillen Ideologen abgesehen – hat in den ersten drei Jahrzehnten der Bundeswehr je in Frage gestellt, daß es da eine Kontinuität gibt. Unsere Verfahren, wie man eine Lage beurteilt und wie man Befehle gibt, haben nahtlos an die Verfahren der

Wehrmacht angeschlossen. Unsere Wehrgesetzgebung – ein anderes Beispiel – ist zum Teil von der Wehrmachts-Wehrgesetzgebung abgeschrieben worden, modernisiert und der neuen Staatsverfassung angepaßt worden.

Das also war die Atmosphäre in der Bundeswehr, bis in die Anfangszeit meiner Verwendung als Divisionskommandeur. Als ich begann, die 3. Panzerdivision zu führen, gab es noch die Rote Armee der Sowjetunion. Wir hatten unsere Verteidigungspläne noch in den Panzerschränken. Wir haben uns all die Jahre vorher natürlich überlegt, wie wir reagieren würden, wenn wir in unseren Verteidigungsabschnitten mit großer Überlegenheit angegriffen würden. Und natürlich haben wir da das Beispiel der Wehrmacht vor Augen gehabt. Wir haben von ihr gelernt und haben ihre Führungskunst weiterentwickelt. Wir hatten auch keinen Grund, uns davon abzusetzen. Heute wird die Wehrmacht verteufelt. Die offizielle Bundeswehr verleugnet ihr Erbe und behauptet, es gäbe keines.

In vielen Bereichen haben wir solche Kontinuitäten. Sogar die Innere Führung ist eine verbesserte Weiterführung dessen, was sich an zeitgemäßer Menschenführung schon bis zum Ende des Krieges in der Wehrmacht entwikkelt hatte. Es ist ja ganz erstaunlich, daß sich manche Dinge, die wir noch heute als sehr modern empfinden, sogar in der Waffen-SS entwickelt haben und nicht in der Wehrmacht.

Zum Beispiel?
In der Waffen-SS redete man sich nicht mit »Herr« an, sondern pflegte die sehr moderne Anrede des »Du«. Keiner durfte seinen Spind verschließen. Es wurde auf Ehrlichkeit gesetzt und damit bewußt zur Ehrlichkeit erzogen. Das sind Dinge, die schon sehr modern waren. Der ganze lange Krieg hatte die Soldaten an der Front oft auf engstem Raum zusammengeführt, Offiziere, Unteroffiziere und Mannschaften, ob auf den beengenden Kampffahrzeugen, in den Flugzeugen oder in den Stellungen. Klassenschranken spielten da keine Rolle mehr. Auch dieses Erbe aus dem Krieg wirkt sich in der Bundeswehr aus. Ein weiteres Beispiel für die Kontinuität zwischen der Wehrmacht, ja sogar der Waffen-SS, und der Bundeswehr ist die Pflege der Kameradschaft und der Pflicht zur Fürsorge von Vorgesetzten zu ihren Untergebenen. In meiner Zeit in der Bundeswehr hatten Kameradschaft und Fürsorgepflicht einen überragenden Stellenwert für die Soldaten.

Wenn es diese Anschlüsse gab, im Bereich der Taktik, der Befehlsgebung, des Kameradschaftsverständnisses: Gab es diesen Anschluß Ihrer Meinung nach auch in der Kampfkraft? Also: Wie gut war die Bundeswehr?
Die Frage nach der Kampfkraft der Bundeswehr ist nur als Hypothese zu beantworten. Nicht nur, weil wir nie kämpfen mußten, sondern weil man in solch einer Frage auch pauschalieren muß. So, wie es schlechte Einheitsführer und

schlechte Unteroffiziere gibt, so gibt es eben auch schlechte Einheiten und so, wie es gute Einheitsführer und gute Unteroffiziere gibt, gibt es auch gute Einheiten. Es gab Einheiten, Verbände und Großverbände, in denen die Führer faul gewesen sind und kaum Übungen gemacht haben, und es gab andere, in denen die Verbandsführer tüchtig gewesen sind und viele Übungen durchgeführt haben. Die Truppen dieser Führer waren sicherlich sehr kampftüchtig.

Ich betrachte jetzt am besten einmal die Truppenteile, in denen ich gedient habe. Wir haben, von einer kurzen Zeit abgesehen, geübt, geübt, geübt und geübt. Die Ausnahme war meine Bataillonskommandeurzeit, in der wir vorübergehend eine übungsuntaugliche Personalstruktur eingenommen hatten. Wir haben eine große Zahl von Manövern mit Volltruppe abgehalten. Wir sind oft auf die Übungsplätze gegangen. Die Bundeswehr war mit vielen solchen gut trainierten Verbänden in Hochform. Nun ist ja auch immer noch die Frage, wie kampfkräftig und kampftüchtig die Gegenseite ist. Eine Truppe ist nur dann die bessere, wenn sie auf einen Gegner trifft, der schwächer ist. Gegen einen schwächeren Gegner reicht selbst ein Trainingszustand, der nicht optimal ist. Ich glaube schon, daß viele unserer Bundeswehr-Verbände und Großverbände so trainiert waren, daß sie für die Gegenseite im Kriege ein Alptraum geworden wären. Auch da haben wir sicherlich an den Ausbildungsstand der Wehrmacht anschließen können.

Was mich jetzt überrascht: Sie sind der erste, politisch konservativ orientierte General, der nach seinem Ausscheiden nicht zynisch oder beinahe bösartig über die Bundeswehr spricht. Es gibt ja eine ganze Reihe Generale, die an dem, was sie ihr ganzes Leben lang getrieben haben, kein gutes Haar mehr lassen, die einfach sagen, daß diese Armee schon längst zerstört sei, daß sie nicht kampfkräftig war, gezielt zerstört durch eine bestimmte Art von Desintegration im Führerkorps. Man fragt sich immer, warum diese Generäle eigentlich vierzig Jahre in diesem Verein geblieben sind. Sie hingegen haben ja ein geradezu ungebrochen gutes Verhältnis zu Ihrem Beruf!

Ich habe die längste Zeit meines Lebens in dieser Bundeswehr gedient und sie an den Stellen, an denen ich eingesetzt war, mit beeinflußt und hoffentlich mit geprägt. Ich glaube, daß ich das gut gemacht habe. Warum soll ich die Armee, für die ich ja eine nicht geringe Mitverantwortung getragen habe, kaputtreden? Es gab immer viele Gründe, das politische und gesellschaftliche Umfeld der Bundeswehr zu kritisieren, aber nicht das Bemühen der Soldaten, das Beste aus ihrem Auftrag zu machen. Nun möchte ich nicht beurteilen, was sich seit meinem Ausscheiden aus dem Dienst bis heute abspielt. Die Spielregeln sind sicher andere geworden. Aber in der Zeit, in der ich gedient habe, habe ich meine Sache immer ernst genommen und – sehr zum Leidwesen meiner Frau und meiner Kinder – unheimlich viel in den Beruf investiert. Ich habe wahrscheinlich Karriere gemacht, weil ich mit Leib und Seele dabei war. Ich kann über die Zeit, die ich aktiv gedient habe, nichts Schlechtes sagen. Auch die Vorgesetzten, die ich hatte, haben zu 75 % ihre Sache sehr ernst genommen und gut gemacht. Es gibt natürlich immer »ausgebrannte« Leute, es gibt immer faule Leute, es gibt immer unfähige Leute, aber die Masse derer, die ich da als Kameraden, als Vorgesetzte und als Untergebene um mich hatte, war tüchtig.

Hatten Sie Vorbilder?
Lebende und tote. Unter meinen Vorgesetzten gab es ein paar Herren, die menschlich oder fachlich – manchmal auch in beiderlei Hinsicht – wie Leuchttürme waren. Ich habe mich bemüht, mich an ihnen auszurichten.

Ich hab mich außerdem mit Interesse in der Kriegsgeschichte schlaugelesen. Es ist sehr hilfreich, Memoiren zu lesen. Und da will ich drei Personen herauspicken: Rommel, Montgomery und Guderian. Das sind Generale einer Altersschicht. Alle drei gingen als junge Offiziere durch den Ersten Weltkrieg. Alle drei, das kann man aus ihren Memoiren und aus ihren Lebensläufen ablesen, erlebten im Ersten Weltkrieg hohe Generale, die in wichtigen Situationen und bei bedeutenden Entscheidungen versagt haben. Dieses Versagen wurde mit einem hohen Blutzoll junger britischer beziehungsweise deutscher Soldaten bezahlt.

Alle drei überlebten den Ersten Weltkrieg mit dem Trauma, daß sich ein Teil ihrer Generalität in Friedenszeiten nicht ausreichend auf einen Krieg vorbereitet hatte. Und alle drei sagten sich: »Es ist meine Aufgabe, so zu leben, so zu arbeiten und so zu werden, daß ich eines Tages in meiner Verantwortung für unsere Soldaten selbst nicht versage.« Alle drei haben als junge Offiziere passioniert gelernt und sich auf ihre mögliche zukünftige Kriegsaufgabe vorbereitet. Das hat mich wirklich sehr beeindruckt. Mir ist, als ich das so gelesen habe, klar geworden, welche Verantwortung ich selber trug. Ich bin mir dieser Verantwortung stets bewußt gewesen und ich habe versucht, mich selbst zu trainieren und auf meine eigene Führungsaufgabe auf der jeweiligen Führungsebene vorzubereiten. Deshalb schaue ich zufrieden auf meine Dienstzeit zurück und habe nicht das Gefühl, daß wir als Bundeswehr in einem Krieg versagt hätten oder daß wir im Frieden faul gewesen wären.

Ich weiß, daß viele andere Bundeswehroffiziere auch so gedacht und gelebt haben. Sie hätten ihre Sache im Krieg sicher gut gemacht.

Wie haben Sie die Wende erlebt? Wie war das, als Sie mit NVA-Soldaten zusammentrafen?
Ich habe der NVA, in Unkenntnis ihrer selbst, mit viel Wohlwollen und Sympathie gegenübergestanden. Für mich waren das eben deutsche Landsleute und ab einem gewissen Zeitpunkt Kameraden. Ich hatte ein dreiviertel Jahr vor der

Wiedervereinigung, als in Westdeutschland noch über die doppelte Staatsbürgerschaft geredet wurde, ein gutes Erlebnis. Ich habe einen Tag als Brigadekommandeur während einer Übung mit zwei Obersten der NVA – gleich alt und gleicher Dienstgrad wie ich – verbracht. Wir haben einen Tag lang über die Wiedervereinigung diskutiert. Die beiden NVA-Obersten haben damals schon genau gesehen, daß ihr System DDR am Ende war. Mich hat das gewundert, weil ich dachte, Offiziere, zumal Oberste der NVA, müßten eigentlich bis in die Knochen »rot« eingefärbt sein. Das waren sie aber nicht. Sie waren in der Erkenntnis ihrer eigenen Lage weiter als wir in der Bundeswehr und offensichtlich zu diesem Zeitpunkt auch schon weiter als die Bundesregierung. Die beiden Obersten haben damals schon vorhergesehen, was da auf sie zukommen würde. Wir haben uns auch darüber unterhalten, wie wir im Falle einer Zusammenlegung miteinander umgehen würden. Für mich war damit der Schleier der Fremdheit weggerissen.

Dann passierte noch etwas Anderes. Ein paar Monate vor der Wiedervereinigung erschienen an einem Wochenende Delegationen der Truppenschulen der NVA an den entsprechenden Truppenschulen der Bundeswehr, um Kontakt aufzunehmen. Ich war damals Kommandeur der Panzertruppenschule in Munster. Da es uns zu dieser Zeit noch verboten war, Kontakte zur NVA zu unterhalten, habe ich die Delegationen der Panzertruppe und der Mot. Schützen von der

Offiziershochschule »Ernst Thälmann« als private Gäste mit nach Hause genommen, sie dort einquartiert und sie dann als meine privaten Gäste mit in die Kaserne genommen. Dort habe ich eine Gesprächsrunde aus zwei gleichen Mengen NVA-Offizieren und Bundeswehr-Offizieren zusammengestellt, beide Gruppen mit gleichem Lebensalter und gleichen Dienstgraden. Dann haben wir einen Tag lang über uns selber diskutiert, uns unsere Armeen vorgestellt und uns dabei sozusagen warmgeredet. Drei Tage vor der Wiedervereinigung wurden dann die ersten 200 NVA-Offiziere nach Munster an die Panzertruppenschule kommandiert. Wir haben sie in der Nacht vor der Wiedervereinigung mit Bundeswehr-Uniformen ausgestattet und am nächsten Tag eine große Wiedervereinigungsfeier in Munster gefeiert. Anschließend sind diese Offiziere für zwei oder drei Wochen zu einem Einführungskurs in Munster geblieben. Das waren meine ersten Kontakte mit der NVA, und die habe ich in guter Erinnerung.

Ich habe gemerkt, daß die NVA-Offiziere zum Teil eine ganz andere Art von Offizieren waren, als wir sie hatten. Die NVA zum Beispiel kannte kein Unteroffizierkorps. Die Funktionen, die bei uns von Unteroffizieren wahrgenommen werden, zum Beispiel Werkstattleiter oder Küchenchef, wurden in der NVA auch von Offizieren bekleidet. Von daher war das NVA-Offizierkorps anders zusammengesetzt als unseres. So waren unsere Vorgespräche mit den NVA-Delegationen auch in dieser Hinsicht nützlich: Die Offiziere beider Seiten wußten bei den späteren Umschulungskursen in Munster schon ein wenig, was da auf sie zukam.

Das hört sich alles so an, als hätte es keine Probleme gegeben.
Die Schwierigkeiten kamen später. Es war nicht leicht, die NVA-Offiziere richtig bei uns zu integrieren. Da gab es Verwerfungen. Die NVA-Offiziere wurden im Durchschnitt früher befördert als wir, und da mußte man, um bei gleichem Lebensalter gleiche Dienstgrade zu haben, die meisten NVA-Offiziere zurückstufen. Das haben die natürlich als Kränkung empfunden. Aber wenn wir diesen Ausgleich nicht geschafft hätten, hätten die altersgleichen Offiziere der NVA nach der Übernahme einen höheren Dienstgrad als ihre Bundeswehrkameraden gehabt. Das gleiche hat es übrigens schon einmal in der Bundeswehr gegeben. Bei Aufstellung der Bundeswehr wurden alle Offiziere der ehemaligen Waffen-SS zurückgestuft, und zwar aus demselben Grund. Es gab da auch noch andere Verwerfungen, zum Beispiel die Andersartigkeit im militärischen Führungsstil.

Wie war es mit ideologischen Verwerfungen? Das Offizierkorps der NVA war doch mit SED-Leuten durchsetzt.
Das stimmt nicht ganz. Alle Politoffiziere und Generale sind vor der Wiedervereinigung entlassen worden. Die anderen waren in der Mehrzahl offensichtlich Leute, die ihrem Land dienen wollten, aus ihrer subjektiven Sicht genauso wie wir.

Aber Parteimitglied waren sie doch alle, oder?
Ich glaube, zwangsweise ja.

Ja eben …
Also wenn man heute Leiter eines kommunalen Wasserwerks oder Direktor eines Gymnasiums in einer mittelgroßen deutschen Stadt werden will, muß man auch Parteimitglied sein, zwar nicht dem Gesetz nach, aber in der Wirklichkeit.

Gab es einen Unterschied zwischen der Mitgliedschaft in der Bundeswehr und der NVA? Die NVA war ja nun nicht das Instrument eines Rechtsstaates sondern eines Zwangsstaats.
Die Wehrmacht war doch auch kein Instrument eines Rechtsstaates und die ganze Sowjetunion ist kein Rechtsstaat gewesen. Wenn Sie so anfangen, dann dürften die Menschen in solchen Regimen keine Staatskarrieren mehr machen. Alle müßten ins Ausland gehen, um Beamte, Offiziere oder Richter zu werden. Das ist doch illusorisch. Die Menschen müssen nun einmal unter ihren Regimen leben. Ich hab das Glück gehabt, daß meine Eltern aus der Sowjetisch Besetzten Zone (SBZ) geflohen sind, sonst wäre ich auch in der DDR hängen geblieben und wäre vielleicht etwas anderes geworden. Ich kann nur schwer über jemanden urteilen, der in so einem Regime aufwächst, Offizier wird und seine Pflicht tut.

Ich kenne eine Menge ehemaliger DDR-Bürger, die möglichst wenig mit der NVA zu tun haben wollten.
Das kann ich mir vorstellen. Die NVA war unbeliebt als Institution, und die Offiziere waren offensichtlich auch unbeliebt. Das hat doch aber nichts damit zu tun, daß sie ihre Pflicht in ihrer Armee getan haben. Die Bundeswehroffiziere waren ja auch zum Teil unbeliebt bei den Leuten, die nicht gern in die Armee gegangen sind. Der Mensch lebt in dem System, in dem er lebt, und es gibt für ihn nur drei Möglichkeiten: Entweder er macht mit oder er emigriert oder er geht in eine Nische.

Sie machen ja auch manches anders, als man es von Ihnen erwartet.
Ja, aber da sehe ich jetzt keine Parallele. Denn ich hab ja in meiner Dienstzeit, von kleinen Dingen abgesehen, auch getan, was ich machen mußte. Erst, als ich merkte, daß etwas nicht stimmte, für das ich eine größere Mitverantwortung trug, habe ich die Konsequenz gezogen.

Das ist doch der Unterschied zu jenen, die keine Konsequenz zogen und ziehen.
Ja, da gibt es dann aber doch noch einen gewaltigen Unterschied. Bei uns im Westen bedeutete das »Konsequenz-Ziehen« nicht den eigenen wirtschaftlichen und gesellschaftlichen Ruin wie in der DDR. Insofern sind die Menschen im

Osten schon eher entschuldigt, wenn sie sich nicht aufgelehnt haben. Sie hätten viel mehr auf sich nehmen müssen. Sie haben nicht so leicht wie wir im Westen »Nein« sagen können.

Was hat sich denn in den vier oder fünf Jahren nach der Wende in der Bundeswehr so sehr verändert, daß Sie 1995 wirklich sagen mußten: »Ich kann nicht mehr verantwortlich weitermachen, es geht nicht.« Das ist ja ein unglaublicher Sprung.
Das hatte noch keine Gründe, die mit denen vergleichbar sind, die mich heute die Wehrpolitik kritisieren lassen. Ich konnte die Verkürzung der Wehrdienstdauer nicht mittragen. Sie war zum einen ein Betrug an den Offizieren, kostete zum zweiten den Staat wahnsinnig viel Geld und war drittens verantwortungslos im Hinblick auf das Leben unserer Soldaten, die wir in so kurzer Zeit nicht mehr einsatztauglich ausbilden konnten.

Das sollten Sie erläutern.
Fangen wir mit dem Betrug an den Offizieren an. Man hatte uns Generale noch kurz vor einer Wahl dienstlich aufgefordert, wir sollten die Wehrdienstdauer von zwölf Monaten in der öffentlichen Diskussion mit Zähnen und Klauen verteidigen. Dann haben wir kurz darauf in der Truppe erfahren, daß in Bonn längst über die Verkürzung der Wehrdienstdauer von zwölf auf zehn Monate beraten wurde. Da bin

ich zu meinem nächsten und übernächsten Vorgesetzten gegangen und habe gefragt, was es damit auf sich hat. Ich sagte ihnen, es müßten schon steinharte neue Argumente vorliegen, um die zehn Monate zu rechtfertigen, nachdem man kurz vorher die zwölf Monate so wohl begründet und vertreten hatte. Man könnte nicht heute so und morgen so reden. Wir würden damit unsere Glaubwürdigkeit vor der Öffentlichkeit und vor unseren Soldaten verlieren. Ich bekam aber keine vernünftigen Antworten von meinen Vorgesetzten. Als ich meine Fragen dann zum Thema einer öffentlichen Rede machte, gab es Ärger.

Das zweite Argument war ein finanzielles: Die Hälfte aller Wehrpflichtigen war in Dienstleistungsfunktionen eingesetzt, also als Fahrer, Schreiber, zu Instandsetzungsarbeiten und so weiter. Das sind Dienstposten, die man nicht einfach einmal ein paar Monate unbesetzt lassen kann. Bei zwölf Monaten Wehrdienstdauer blieben nach sechs Monaten Grundausbildung, fachlicher Spezialausbildung und dem Jahresurlaub nur noch sechs Monate Netto-Zeit in der Dienstleistungsfunktion übrig. Man brauchte also zwei Soldaten pro Jahr für einen Dienstposten. Wenn man nun nochmals zwei Monate verkürzen wollte, würden nur noch vier Monate für den Truppendienst bleiben, und schon bräuchte man pro Dienstposten und Jahr drei Wehrpflichtige. Das hätte die Kosten, zumindest im Heer für die Hälfte aller Dienstposten um 50 Prozent erhöht. Ich habe das dem

Minister einmal vorgerechnet, aber er hat sich davon nicht beeindruckt gezeigt.

Das dritte Argument betraf die Soldaten selbst und meine Einstellung zu ihnen: Wenn es einmal zum Krieg gekommen wäre, hätten wir lauter angebrütete Amateure ins Feuer schicken müssen. Das wollte ich nicht mitverantworten. Das waren meine drei Gründe, rein professionelle Überlegungen. Sie hatten nichts mit der Politik zu tun, außer daß die Politik uns diese Suppe einbrocken wollte und dann auch eingebrockt hat.

Es ist auch vorher schon zu Wehrdienstzeitverkürzungen gekommen. Warum war diese in dem Moment denn so dramatisch?
Ob Sie achtzehn oder fünfzehn Monate haben, spielt keine so große Rolle. Da ist der Kostenunterschied bei den Dienstleistungssoldaten noch nicht so erheblich. Und bei den Einsatzsoldaten, also bei Panzerbesatzungen und Vergleichbarem können Sie noch einiges durch das Komprimieren und Weglassen von Ausbildungsinhalten ausgleichen. Aber irgendwann geht es an die Substanz, und dann muß Schluß sein.

Sie wurden dann zum Bundesminister einbestellt. Was haben Sie dem gesagt?
Genau das, worüber wir gerade gesprochen haben. Es war ein sehr faires Gespräch. Ich habe ihm die Argumente vor-

getragen, und er hat sie sich ruhig angehört. Zum Ende des Gesprächs hat er mir aber gesagt, seine Berater hätten ihn anders beraten. Er forderte mich auf, mich in Zukunft mit öffentlichen Äußerungen zurückzuhalten.

Nach einem weiteren Jahr hat man mir dann vorgehalten, ich wäre mit meiner Kritik an der Verkürzung der Wehrdienstdauer unloyal gewesen, indem ich einen schon vorliegenden Kabinettsbeschluß öffentlich kritisiert hätte. Für mich war das nur formal eine Illoyalität. Ich hatte zwar öffentlich gesagt, daß ich die Wehrdienstverkürzung für falsch hielte, aber in meiner öffentlichen Rede zu diesem Thema auch hinzugefügt, daß ich mich – wenn es bei der Entscheidung bliebe – in meinem Dienstbereich bemühen würde, das Beste daraus zu machen. Als man mir dann nach einem Jahr noch mangelnde Loyalität vorwarf, hat es mir gereicht. Ich habe danach um meine Entlassung gebeten.

Dieses »Soldaten-sind-Mörder«-Urteil und die Reaktion darauf, das war zeitgleich, oder?
Das war die gleiche Rede.

Das war dann aber schon politisch!
Es war meine soldatische Reaktion auf die höchst fragwürdige höchstrichterliche Entscheidung, daß jeder Rotzlöffel in Deutschland deutsche Soldaten ungestraft pauschal als Mörder bezeichnen darf. Das hatte für mich nichts mit Politik zu

tun, sondern nur etwas mit meiner Pflicht, mich vor meine Soldaten zu stellen. Selbst Josef Isensee, Professor für Öffentliches Recht, hat in seinem Eröffnungsvortrag zum Deutschen Juristentag 1996 in Karlsruhe dem Bundesverfassungsgericht in Bezug auf das »Soldaten-sind-Mörder«-Urteil bescheinigt, daß das Vertrauen, das sich das Gericht in Jahrzehnten aufgebaut hatte, mit dem fraglichen Urteil jäh abgestürzt und in Ablehnung, Geringschätzung und Schelte umgeschlagen sei. Maßgebliche Juristen haben dieses Fehlurteil gebrandmarkt, und ich habe es getan. Nur der deutsche Bundestag hatte es nicht nötig, die deutschen Soldaten mit einer Strafgesetznovelle unter seinen Schutz zu nehmen.

Auch der Wehrbeauftragte hat damals falsch reagiert. Ihm war meine Rede mit der Kritik am Urteil des Bundesverfassungsgerichts durch die *BILD-Zeitung* in vermutlich verkürzter Form vorgelegt worden. Er hat auf die Rede reagiert, ohne sie vorher in ganzer Länge zu lesen. Er hat der *BILD* dann in einem Interview gesagt, daß der Schultze-Rhonhof entlassen werden müßte. Das hat später unter anderem dazu geführt, daß seine Amtszeit nicht verlängert worden ist. Ich hatte in meiner Rede etwas anderes gesagt, als er mir unterstellt hat.

Wie waren die Reaktionen Ihrer Kameraden auf Ihren Schritt, den Abschied zu nehmen?

Meine Kameraden haben das genommen, wie man es eben nimmt, wenn ein anderer eine solche persönliche Entscheidung fällt. Ich bin vorher mehrfach gewarnt worden, diese Rede zu halten. Ich hatte sie einigen anderen Herren zu lesen gegeben. Alle haben mir gesagt: »Mach das nicht, da fliegst du raus.« Ich habe also gewußt, was da auf mich zukommen kann. Es war meine höchst persönliche Entscheidung, die Rede so zu halten wie ich sie konzipiert hatte.

Ich bin meiner Entlassung, was ich zu der Zeit aber nicht wußte, nur knapp zuvor gekommen. Wenn ich den Schritt nicht von mir aus getan hätte, hätte man mich auch so entlassen. Insofern bin ich froh, daß ich diese Entscheidung selber gefällt habe. Was die Öffentlichkeit nicht weiß: Zwei andere Generäle sind zeitgleich mit mir aus ähnlichen oder gleichen Gründen gegangen. Den beiden hatte der Minister die Bedingung gestellt, daß sie nur dann entlassen würden, wenn sie ihren Entlassungsantrag bis zu ihrem Entlassungstag geheimhalten würden. So ist das leider nicht an die Öffentlichkeit gedrungen. Mein Entlassungsgrund, die ihm ursprünglich zugrunde liegende Kritik an der Wehrdienstverkürzung, hätte sicher eine andere Bedeutung bekommen, wenn bekannt geworden wäre, daß seinetwegen drei Generäle gingen statt nur eines Generals.

Gab es Zuspruch?
Brieflich gab es schon Zuspruch, öffentlich natürlich nicht.

General Günzel, mit dem wir auch einen Gesprächsband gemacht haben, ist von heute auf morgen in die Politik hineingedrängt worden. Er hat gesagt, daß es unter Generälen oder schon ab dem Oberstleutnant überhaupt keine Kameraden mehr gibt.
Das geht mir zu weit. Er hat das so empfunden, weil man ihn ausgesprochen unfair behandelt hat. Mit ihm ist Verteidigungsminister Struck wirklich schweinemäßig umgesprungen. Man verurteilt und entläßt keinen Soldaten, ohne ihn vorher zu der gegen ihn vorgebrachten Anschuldigung zu hören. General Günzel ist vor seiner Entlassung nicht zu den ihm vorgeworfenen Beschuldigungen angehört worden.

Ich habe erlebt, daß sich der eine oder andere Kamerad in meinem Falle stromlinienförmig bedeckt gehalten hat. Aber es hat auch andere Kameraden gegeben. Zum Beispiel unser damaliger Stellvertretender Kommandierender General, der – als man nach meiner Rede ein Verfahren gegen mich eröffnen wollte – gesagt hat, daß man dann auch ein Verfahren gegen ihn eröffnen könne.

Sie haben über Ihren Fall und Ihre Überlegungen ein Buch geschrieben: Wozu noch tapfer sein? *Das Buch ist auch ein großer Erfolg geworden, hat Ihnen aber auch so etwas wie ein Vortrags- und Redeverbot in der Kaserne eingetragen. Wie kamen Sie darauf, ein solches Buch zu schreiben?*
Das Buch *Wozu noch tapfer sein?* handelte nicht von dem, was Sie meinen Fall nennen. Ich habe in diesem Buch nur meine

grundsätzlichen Gedanken über den Soldatenberuf niedergeschrieben.

Wie ist es entstanden? Ein Verleger hat mich während des letzten Jahres meiner Dienstzeit immer wieder gedrängt, ein Buch zu schreiben. Ich habe das immer wieder abgelehnt. Mir stand der Sinn nicht danach. Als dann meine Entlassung heranstand, brach bei mir eine alte Krankheit wieder aus, und ich solle mich einer schweren Operation unterziehen. In solch einer Situation macht man erst einmal keine Zukunftspläne. Dann aber veränderte sich mein Krankheitsbild ganz plötzlich, und die Operation wurde abgesetzt. Damit war ich in der glücklichen Situation, ganz unerwartet zu genesen, keine Berufspflichten mehr, dafür aber viel Zeit zu haben. In dieses Vakuum hinein stieß der Verleger noch einmal mit der Bitte, für ihn zu schreiben. Ich sah das nun als Gelegenheit, über meinen Beruf zu schreiben, über die Frage, ob es sich in der Vergangenheit, heute und in Zukunft gelohnt hat und lohnen wird, als Soldat zu dienen. So ist dies Buch entstanden.

Das Vortragsverbot in den Kasernen ist zustande gekommen, weil ich die Bundesregierung in ihrer schwachen Rolle kritisiert habe, die sie rund um das »Soldaten-sind-Mörder«-Urteil gespielt hat. Ich habe analog zur Auffassung aus der Anfangszeit der Bundeswehr über den 20. Juli geschrieben: »Wenn der Staat, wie einst Hitler, seine Treue zur Armee nicht hält, dann ist der auf Beiderseitigkeit begründete Eid von einer Seite gebrochen und dann muß er auch von der anderen Seite nicht mehr gehalten werden.« Man kann die Regierung der Bundesrepublik natürlich nicht mit Hitler vergleichen, aber auch unsere Regierung ist der Armee nicht treu geblieben. Sie hat es nicht fertiggebracht, die Soldaten mit aller Kraft und Wirksamkeit vor der Ehrverletzung – »Soldaten sind Mörder« – zu schützen.

Ich habe nicht dazu aufgerufen, den Wehrdienst zu verweigern. Ich habe auch geschrieben, daß ich als junger Mann wieder Soldat im Dienste meines Landes werden würde. Aber meine damalige Erinnerung an die Gegenseitigkeit der Eidverpflichtung hat das Ministerium und andere so aufgeregt, daß sie gesagt haben: Schultze-Rhonhof polarisiert die Bundeswehr und sät Mißtrauen gegen die Loyalität der Regierung zur Armee. Mit diesen zwei Begründungen – Polarisierung und Mißtrauen – ist damals ein Verbot in der Bundeswehr erlassen worden, mich einzuladen und sprechen zu lassen. Ich darf zwar noch in Kasernen gehen, auf Empfängen mein Glas Sekt trinken und mich mit jedermann unterhalten, aber wenn Gefahr besteht, daß ich den Mund aufmache, gar einen Vortrag halte, ist Schluß.

Besteht das Verbot heute noch?
Ja.

Wozu noch tapfer sein? *hatte Sie automatisch zum Lieblingsgeneral des konservativen, des rechten Milieus gemacht. Es war alten und jungen Offizieren sofort klar, daß da in ihrem Sinne und für ihre Sache gesprochen und konsequent gehandelt wurde. Sie haben sozusagen Ihren Stempel bekommen. Würden Sie sich selber auch schon vor diesem Buch, vor dieser Geschichte mit Ihrem Abschied aus der Bundeswehr als konservativen Menschen beschreiben oder als jemanden, der politisch zu diesem Milieu tendiert? Überrascht sein konnten Sie ja eigentlich nicht, daß gerade dieses Milieu Sie dann feiern würde.*

Es ist schwer, genau zu sagen, was konservativ ist. Ich bin sehr vaterländisch, bin sehr patriotisch, ich bin mit meinem Volk verwachsen. Ich habe ja auch den Soldatenberuf gewählt, um mein Volk notfalls zu verteidigen. Ich will mein Volk erhalten, ich will meine Heimat erhalten, ich will die Rechtsordnung erhalten, ich will die Freiheit erhalten und ich will die Substanz des Volkes erhalten. Insofern bin ich ein Konservativer. Aber ich habe in meinem Berufsleben auch immer wieder nach Neuerungen gesucht und des öfteren Neuerungen, die ich für Verbesserungen hielt, verwirklicht. In sofern bin ich auch ein Progressiver. Ich habe in meiner Zeit im Ministerium zum Beispiel die Weiterentwicklung der Gepanzerten Kampftruppen über den 15-Jahres-Horizont hinaus geplant. Das kann man nicht als Konservativer leisten.

Da widerspreche ich gleich: Konservativ zu sein heißt ja nicht, daß man bewegungsunfähig ist, daß man keine Veränderungen erträgt oder in Gang setzt; es bedeutet vielmehr, daß man mit

großem Respekt vor dem Gewachsenen und Überlieferten handelt und nicht aufs Geratewohl ein Gesellschaftsexperiment macht.
Da liegen wir nicht auseinander. Vielleicht ist mein Begriff vom Konservativen landläufig. Ich empfinde mich jedenfalls nicht nur als einer, der nur bewahrt, sondern auch als einer, der weiterdenkt und zukunftsbezogen handelt. Ich habe in der Bundeswehr einiges eingeführt, das sich von dem gelöst hat, was zuvor gewesen ist. Ich habe also stets versucht, das Konservative und das Progressive zum Nutzen von Volk und Staat und Bundeswehr zu verbinden. So kann ich mich über die Sympathie der Konservativen in unserem Lande ohne Vorbehalte freuen.

Gab es in Ihrem Freundes- und Bekanntenkreis, auch wenn Sie Ihre ganze Familie betrachten, Probleme, nachdem Sie sich politisch geäußert und positioniert hatten?
Meine Freunde stimmen mit meinen Ansichten weitgehend überein; vielleicht hat sich auch der eine oder andere auf Grund der Freundschaft in Gesprächen zurückgehalten. Streit hat es nie gegeben. In der Großfamilie Schultze-Rhonhof ebenfalls nicht. In der Kleinfamilie Vater, Mutter und drei Kinder, bis hin zur ältesten Enkelin, habe ich auch keine Schwierigkeiten erlebt. Wir sind uns auch so weit ähnlich, daß wir gemeinsame Grundpositionen vertreten.

Geschichtsschreibung

Wir kommen jetzt auf Ihr zweites Buch zu sprechen, auf 1939. Der Krieg, der viele Väter hatte. *Wann und warum haben Sie eigentlich mit der Arbeit an diesem Buch begonnen?*
Vielleicht hat es mit dieser unseriösen Wehrmachtsausstellung zu tun. Ich bin der Frage nachgegangen, warum die Generation meines Vaters das getan hat, was man ihr vorwirft. Warum hat eine Generation, die ich als anständig erlebt habe, plötzlich einen Krieg begonnen und Verbrechen begangen? Ich habe angefangen, darüber zu lesen und bin dabei sehr schnell auf ausländische Literatur gestoßen. Da schreibt eine ganze Anzahl ausländischer Historiker über ihre Regierungen der zwanziger und dreißiger Jahre, daß die den Zweiten Weltkrieg mit verursacht hätten. So etwas hatte ich vorher in deutscher Literatur nicht gelesen.

Ich habe mir dann mehr und mehr ausländische Literatur besorgt, sie gelesen und nachgesehen, auf welche Quellen sich diese Historiker berufen. Ich habe mir dann die Quellen – soweit für mich erreichbar – besorgt und sie gelesen. So habe ich dann vier Jahre ganz konsequent zu diesem Thema geforscht. Konsequent heißt: Ich habe jeden normalen Arbeitstag von morgens bis abends gelesen und geschrieben, habe mir die erforderliche Literatur und die

Akten besorgt, bin gereist, um Archive, Bibliotheken und Zeitzeugen aufzusuchen.

Wußten Sie, als Sie mit Ihrer Arbeit begonnen haben, daß Sie Ihr Geschichtsverständnis einer Revision würden unterziehen müssen?

Nein, das hab ich nicht gewußt. Ich habe über diese ganzen Zusammenhänge, die ich nachher beschrieben habe, kaum etwas gewußt. Ich hatte nur die oberflächlichen Kenntnisse, die jeder Abiturient in Deutschland heutzutage hat. Man weiß natürlich, wann der Krieg angefangen hat, die wichtigsten Daten und Ereignisse und wie er ausgegangen ist. Aber über die Hintergründe der Entstehung des Zweiten Weltkriegs wußte ich herzlich wenig. Ich mußte mich systematisch durch das Thema hindurcharbeiten. Nach den ersten Büchern, die ich noch so ein bißchen suchend und sondierend gelesen habe, bin ich systematisch vorgegangen und habe mir Frage um Frage und Zeitabschnitt für Zeitabschnitt erarbeitet.

Ich habe bald herausgefunden, daß der Schlüssel zu jedem Zeitabschnitt in einem der vorausgegangenen Zeitabschnitte liegt. Nichts passiert ohne Vorgeschichte und nichts aus heiterem Himmel. Ich habe sehr bald bemerkt, wie viele Mitspieler es im internationalen Mächtespiel der Vorkriegsgeschichte gegeben hat und wie wenig deren Beiträge zum Entstehen des Zweiten Weltkriegs in Deutschland untersucht und beschrieben worden sind.

Ich hatte viel für mich aufzuarbeiten: wie es zum Ersten Weltkrieg gekommen ist, wie das Memelland unter litauische Herrschaft gekommen ist, und so weiter. Egal, welches Thema Sie nehmen: Ich habe vor Beginn der Arbeit an meinen einzelnen Buchkapiteln in aller Regel nicht gewußt, auf welche Hintergründe ich da stoßen würde und was dabei herauskommt.

Ganz wichtig für meine Arbeit war, daß ich mir die Quellen, aus denen die Historiker und Buchautoren geschöpft haben, soweit das möglich war, besorgt habe, um so von der Sekundär- auf die Primärliteratur zu kommen. Ich bin in Archive gefahren oder habe mir aus Archiven Kopien schicken lassen, um herauszufinden, was sich einst wirklich abgespielt hat, und um mich von den vorgegebenen Auffassungen der Historiker und Autoren frei zu machen. Ich bin so manchen Morgen mit dem schlechten Gefühl aufgestanden, heute wieder eine Nuß knacken zu müssen. Denn irgendwo mußte im Gang der untersuchten Ereignisse eine Logik stecken. Irgendwo gibt es ja immer einen Anstoß für das Neue, und danach habe ich gesucht; eigentlich mehr wie ein Kriminalbeamter und weniger wie ein Historiker: Was waren die Motive der damals Handelnden, was waren die Anlässe, wer hat wen angestoßen, wie ist was wirklich abgelaufen? Ich habe mit offenem Ergebnis geforscht.

Sie sind also der Leser, der aus Ihrem Buch am meisten gelernt hat: Sie sind gewissermaßen als Laie über die Arbeit an Ihrem Buch zum Historiker geworden.

Am Anfang habe ich es als Nachteil empfunden, kein studierter Historiker zu sein. Dieses Gefühl hat sich nach ungefähr zwei Jahren bei mir gewendet, als mir klar geworden ist, daß ich ja eigentlich einen Vorteil gegenüber studierten Historikern habe. Ich bin keiner sogenannten Schule verpflichtet, bin nicht durch vorgeprägte Auffassungen aus dem Studium belastet. Ich konnte unbefangen ans Werk gehen und hatte wenig Respekt. Wer zu viel Respekt vor etablierten Historikern mit sich herumschleppt, überprüft vielleicht auch zu wenig, wie die namhaften Historiker mit den Quellen umgehen. Ich habe Bücher von Geschichtsprofessoren gelesen, in denen nicht wenige ihre Quellen falsch zitiert haben, falsch übersetzt haben und sogar sinnverkehrend falsch abgeschrieben haben. Ich unterstelle solchen Professoren weder Dummheit noch Schlamperei, sondern im harmlosen Falle kritiklose Abschreiberei voneinander, und im bösen Falle die Absicht zur politischen Manipulation ihrer Leser und Studenten.

Bestimmte Dinge lassen sich nicht auflösen. Hätten Sie denn das Buch auch veröffentlicht, wenn Sie zu anderen Ergebnissen gekommen wären, also etwa auf das, was jeder so in drei Sätzen über die Alleinschuld der Deutschen am Krieg zum Besten geben kann?

Wenn ich über meine Recherchen bei dem gelandet wäre, was ich vorher schon gewußt habe, also beim Geschichtsbewußtsein des deutschen Normalbürgers, dann hätte ich keinen Antrieb zum Schreiben gehabt. Erst als bei mir das große Erstaunen eingesetzt hat, daß vieles anders gewesen ist, als ich es früher gelernt habe, habe ich mich zum Schreiben entschlossen. Vorher war das bloßes Leseinteresse. Man findet etwas interessant und liest ein Buch, dann das zweite und das dritte, und irgendwann ist man gesättigt. Aber weil es eben so viel Neues gab, kam der Antrieb zum Schreiben. Wenn ich wieder beim Alten und Bekannten gelandet wäre, hätte ich es nicht mitteilen müssen.

Haben Sie die Fragestellung nach der Kriegsschuld nicht auch schon als Offizier behandelt?
Man hat doch die fertige Antwort im Kopf gehabt. Die Antwort lautete: Das hat alles Adolf Hitler verursacht und gemacht. Auch andere mit mir gleichaltrige Soldaten und Offiziere haben die deutsche Alleinkriegsschuld wahrscheinlich nicht hinterfragt. Die älteren und kriegsgedienten Soldaten sind in die Zeit hineingeboren worden, in der die Geschichte in Form des Weltkriegs stattgefunden hat. Die kriegsgedienten Offiziere, mit denen ich es als junger Soldat zu tun hatte, waren während der Vorkriegszeit nicht Reichsmarschall oder General, sondern Leutnant oder bestenfalls Major, und sie hatten damit keine tieferen Einblicke in das

damalige Zeitgeschehen. Sie haben ihre Pflicht getan und hatten auch wenig Zeit, politisch zu reflektieren. Und nach dem Krieg waren sie sich offensichtlich weitgehend einig, daß Hitler alleine schuld am Kriege war. Ich habe das dann übernommen und geglaubt.

War das denn kein Thema im Geschichtsunterricht und in der politischen Bildung der Bundeswehr?
Nein. Man hat einfach gesagt, der Hitler hat es mit seinen außenpolitischen Forderungen auf die Spitze getrieben. Man sprach von seinem Eroberungsdrang, und das wars. Auch die an uns verteilte Geschichtsliteratur gab ja nichts anderes her.

Sie sagen damit nicht mehr und nicht weniger, als daß die Bundeswehr ihre Führungskräfte mit einem falschen Geschichtsbild ausstattet.
Ein nicht ganz richtiges Geschichtsbild! Wundert Sie das? Unser ganzes Volk ist doch in einem teilweise falschen Geschichtsbild gefangen. Ich habe in einer Schweizer Doktorarbeit gelesen, daß sich die deutschen Historiker nach dem Ersten Weltkrieg sofort daran gemacht hätten, die Kriegsursachen zu klären. Nach dem Zweiten Weltkrieg sei das anders gewesen: Da wären sich die deutschen Historiker samt und sonders sofort einig gewesen, daß der Krieg alleine von Hitler verursacht worden wäre. Eine das Ausland mit-

einbeziehende Kriegsursachenforschung habe es deshalb in Deutschland nach dem Zweiten Weltkrieg nicht gegeben, so der Schweizer Historiker.

Schauen Sie sich doch an, was das Militärgeschichtliche Forschungsamt (MGFA) in seiner Reihe *Das Deutsche Reich und der Zweite Weltkrieg* dazu schreibt. Schon in der Einleitung des ersten Bandes steht, daß die ganze Reihe »deutschlandzentrisch« angelegt ist. Das Ausland wird dort, so kann man der Einleitung entnehmen, nur einbezogen, wo es um deutsche Gewalt, Unrecht und Ausbeutung des eroberten Auslandes geht. Da hat das MGFA zu Beginn seiner Arbeit, in Band I, nicht etwa die Frage untersucht, wer sonst möglicherweise Schuld am Ausbruch des Krieges trägt, sondern einfach »festgestellt«, daß die Deutschen schuld gewesen wären. Der Schuldanteil des Auslands ist ausgeblendet worden. Eine solche Vereinfachung läßt mich sofort vermuten, daß die ganze Arbeit des MGFA, soweit sie die Kriegsschuldfrage betrifft, unwissenschaftlich angelegt ist.

Können Sie das etwas vertiefen?

Ja, gerne. Das erste, was ich für mein Buch bearbeitet habe, und das erste, wofür ich Arbeiten des MGFA zu Rate gezogen habe, war die Rüstungspolitik des Dritten Reichs. Da wollte ich die Frage klären, ob man aus der deutschen Aufrüstung nicht auf Hitlers Angriffsabsichten schließen müsse. Und dazu mußte ich die Frage beantworten, in welchem Verhältnis die deutsche Rüstung 1933 bis 1939 zur gleichzeitigen Rüstung der umliegenden Staaten stand. Erst aus dieser Relation kann man auf die dahinterstehenden politischen Absichten schließen. Statt Hitlers Kriegsabsichten anhand einer überzogenen deutschen Aufrüstung ab 1933 nachzuweisen, stellt das MGFA anders herum diese Absicht schon in der Einleitung zur erwähnten Buchreihe als gegeben hin und begründet damit scheinbar ein angebliches Übermaß an deutscher Aufrüstung. Doch im betreffenden Fachkapitel, das später im Band I folgt, wird nicht einmal versucht, die Überzogenheit der deutschen Rüstung zu belegen. Da die zeitgleiche Rüstung des Auslands unterschlagen wird, kann der interessierte Leser aus der Bundeswehr auch nicht bemerken, daß Deutschland 1933 den gegen Deutschland verbündeten Nachbarländern an aktiven Heeresdivisionen 1 zu 12 unterlegen war. Selbst bei Kriegsbeginn, 1939, war die Unterlegenheit noch 1 zu 2,5. Sehr vieles, was sich in Europa und in den USA vor dem Kriege abspielt, ist ein gegenseitiges Hochschaukeln zwischen Deutschland und seinen späteren Kriegsgegnern gewesen. Das MGFA unterschlägt diese Wirkungen und Wechselwirkungen einfach unter dem Etikett »deutschlandzentriert«. Es hat den zu beweisenden Sachverhalt einfach als gegeben vorausgesetzt. Das war mir schlicht zu billig und zu unwissenschaftlich. Als ich das gelesen hatte, habe ich beschlossen, beim MGFA keine Anleihe mehr zu nehmen. Es gibt eine ganze Reihe von

Wissenschaftlern im Militärgeschichtlichen Forschungsamt, die in ihrem Sachgebiet saubere Arbeit geleistet haben. Aber deren Kenntnisse habe ich dann aus deren Einzelveröffentlichungen übernommen.

Im Gegensatz zu solchen Ansätzen widerlegt Ihr Buch die Alleinschuld Deutschlands am Zweiten Weltkrieg. Wie ist es überhaupt mit der Kategorie »Schuld« vor dem Hintergrund der Geschichte?

Wenn eine Sache gut ausgeht, dann haben einer oder mehrere ein Verdienst daran. Geht sie schlecht aus, dann spricht man nicht von Verdienst, sondern von Schuld. Da der Krieg für die Menschheit eine Katastrophe war, muß man in diesem Fall von Schuld reden. Irgend jemand hat den Krieg verursacht und hat damit Schuld auf sich geladen. Und nun ist die Frage: War das eine deutsche Alleinschuld? War das Hitlers Alleinschuld? Gab es nicht doch mehrere Verursacher? Wer trägt dann eine Mitschuld? Hitler war zweifelsohne der Auslöser des Kriegsbeginns gegen Polen. Damit sind aber zwei Fragen nicht beantwortet und nicht geklärt, erstens, wer sonst zusätzlich zu Deutschland den Zweiten Weltkrieg mit verursacht hat, und zweitens, ob es nicht auch ohne Hitler einen Krieg gegeben hätte. Wir unterscheiden in Schuldfragen üblicherweise zwischen Anlaß und Ursache. Wer den Krieg veranlaßt hat, muß ihn nicht auch alleine verursacht haben.

Wir können dabei auch ein ganzes Stück zurückgehen und fragen, wie der Erste Weltkrieg zustande gekommen ist. Der Erste Weltkrieg wurde auch von einer ganzen Reihe von Staaten verursacht. Das wird heute, anders als die Frage nach den Verursachern des Zweiten Weltkriegs, kaum noch bestritten. Aber auch schon nach dem Ersten Weltkrieg wurden die Deutschen als die Alleinschuldigen hingestellt, und die Siegermächte diktierten uns dafür zur Strafe den Versailler Vertrag. Unser Volk wußte aber noch, wie der Erste Weltkrieg zustande gekommen war und lehnte den Versailler Vertrag als große Ungerechtigkeit ab. Nur deshalb, aus dieser Empörung, ist der anfängliche Erfolg Hitlers zu erklären.

Die ungerechtfertigte und überaus harte Sanktionierung der Deutschen nach dem Ersten Weltkrieg ist zum Sprungbrett für Hitler und seine Revisionspolitik geworden. Schon aus diesem Zusammenhang heraus tragen die Väter des Versailler Vertrags eine erhebliche Mitschuld an der weiteren Entwicklung der Geschichte bis hin zum Zweiten Weltkrieg. Das macht das Maß an Mitschuld der Sieger aber noch lange nicht voll. Da kommt noch ein gerüttelt Maß an Ursachen hinzu, die vor allem sie geschaffen haben.

Woran machen Sie diese Anschuldigung fest?

Ich lese gerade das Buch, das Roosevelts Sohn über seine Gespräche mit dem Vater geschrieben hat. Das Buch beinhaltet viele wörtliche Zitate. Unter anderem schreibt der

Roosevelt-Sohn, daß sein Vater, der damalige US-Präsident, die deutschen Wirtschaftserfolge als einen der Hauptgründe für den Zweiten Weltkrieg bezeichnet hat. Roosevelt-Vater sah Amerikas Position gefährdet, wenn die Deutschen und Briten sich das Bankgeschäft der Welt aufteilten und die Deutschen den Handel in Europa machten. Ich habe solche Auffassungen bei unseren damaligen Kriegsgegnern schon aus anderen Quellen belegen können, aber jetzt stammt es aus Roosevelts Mund. Diese Äußerungen erklären doch, warum Roosevelt mehrfach vor dem Kriege die Situation in Europa angeheizt hat. Und wenn dann die amerikanische Marine den Seekrieg gegen deutsche Schiffe auf dem Atlantik eröffnet hatte, noch ehe Hitler – ich wiederhole das noch einmal – noch ehe Hitler den Amerikanern den Krieg erklärt hatte, dann haben die Amerikaner neben vielem anderen auch hier einen Schuldanteil an der Entstehung und Fortführung des Zweiten Weltkrieges.

Die Engländer haben ihren Anteil, die Italiener und die Polen und die Tschechen und die Sowjets und natürlich auch die Franzosen. Es ist ganz erstaunlich, was man alles erfährt, wenn man in die Akten und Dokumente jener Zeit hineinschaut. Da findet sich nicht bloß der Versailler Vertrag auf dem Schuldkonto der Deutschland-Gegner.

Die Empörung, die nach dem Versailler Vertrag herrschte, hat etwas damit zu tun, daß die Leute wußten, wie der Erste Welt-

krieg entstanden war – Sie sagten es. Worin liegt nun der Unterschied zum Kriegsende 1945? War da kein Wissen mehr über die vielfältigen Kriegsursachen vorhanden?

Die zweite Katastrophe war tiefgreifender. Die Leute wollten sich nicht mehr rechtfertigen, sondern nur noch weiterleben und aufbauen. Dann kommt hinzu, daß wir in der Kaiserzeit einen Rechtsstaat hatten und der Eindruck vorherrschte, daß die zivile Verwaltung, die zivile Regierung, das zivile Umfeld, das Militär und die Parteienlandschaft sauberer gewesen waren. Nach dem Ersten Weltkrieg hatte man dem Kaiser und den anderen Autoritäten keine politischen Verbrechen und keine Kriegsverbrechen zugetraut. Nach dem Zweiten Weltkrieg aber wurde der Eindruck vielfach bestätigt, daß es sich beim Dritten Reich nicht um einen Rechtsstaat gehandelt habe: Politische Gegner und Minderheiten waren verfolgt worden, unliebsame Leute waren getötet worden oder für Jahre im Lager verschwunden. Vor diesem Hintergrund traute man dem Staat und seinen Machthabern auch die Alleinschuld am Kriege zu. Deshalb fiel die Umerziehung der Deutschen nicht schwer, eine Umerziehung, wie sie etwa nach dem Ersten Weltkrieg nicht denkbar gewesen wäre.

Über ein Wissen-Wollen und ein Neugierig-Sein sind Sie dazu gekommen, die Geschichte, die jeder zu kennen vermeint, nochmals ganz anders zu erzählen. Haben Sie so etwas wie eine Botschaft entwickelt?

Inzwischen fühle ich mich als Missionar. Inzwischen versuche ich unserem Volk zu erzählen, wie es wirklich gewesen ist. Ich habe das Gefühl, daß es meine Pflicht ist, dies zu tun. Ob ich damit Erfolg haben werde oder nicht, weiß ich nicht.

Sie wollen also die Deutschen mit ihrer Geschichte aussöhnen und ihr Selbstbewußtsein stärken?

Olaf Henkel, der frühere BDI-Präsident, hat vor drei Jahren in einem Interview gesagt und später in einem Buch geschrieben, daß die heutige Reformunfähigkeit Deutschlands ihre Ursache auch darin hat, daß wir immer noch glauben, wir hätten den Zweiten Weltkrieg allein verursacht. Und da ist was dran. Wenn man ein nicht nur äußerlich, sondern auch seelisch geschlagenes Volk ist, verliert man sein Selbstbewußtsein. Unser Volk hat keinen nationalen Antrieb mehr. Es sehnt sich nach einer anderen Identität, danach, ein unschuldiger Anderer zu sein, ein Hanseat, ein Europäer oder was anderes auch immer für Ausweichidentitäten gesucht werden. Viele junge Leute wandern aus, unter anderem auch, weil sie sich sagen: Ich werde lieber Amerikaner, und dann bin ich frei von dieser Last der Vergangenheit.

Unser fehlendes Selbstbewußtsein hat auch noch ganz andere Folgen: Wir sind unfähig, junge Ausländer zu integrieren, weil wir glauben, daß wir außer unserer Schuld und ein bißchen Wirtschaftswunder nichts vorzuweisen hätten. Wie soll sich ein Zuwanderer in eine Nation integrieren, die sich selbst nicht liebt, die sich für widerlegt hält? Da sagt sich ein junger Türke doch: Ich möchte zwar hier leben und will einen deutschen Paß und die anderen Segnungen haben, aber dieses Schand- und Schuldbewußtsein, das muß ich mir nicht antun. Da unser andauerndes Schuldbekennen inzwischen unser Nationalbewußtsein ersetzt hat, will auch kein Zuwanderer mehr diese verkorkste Identität annehmen. Wir haben durch unsere verfälschte und nur noch auf die Zeit des Dritten Reichs amputierte Geschichtsbetrachtung unsere Integrationsfähigkeit verloren.

Die Frage ist: Warum erzählen wir der eigenen Jugend zusammen mit den jungen Zuwanderern nicht unsere ganze Geschichte, also auch die positiven Seiten und auch die volle Wahrheit mit den vielen anderen Vätern, die den Zweiten Weltkrieg mit verursacht haben? Wenn wir das nicht fertig bringen, haben wir keine Zukunft mehr.

Da muß ich nachfragen: In Frankreich etwa, wo nach dem Krieg mindestens 102 Prozent des Volkes angaben, im Widerstand gewesen zu sein, gelingt die Integration ebenfalls nicht. Die Franzosen haben ein völlig ungebrochenes Selbstwertgefühl, aber auch keine gelungene Integration ...

Das gestörte Selbstwertgefühl der Deutschen ist ja bloß ein Grund unter vielen möglichen für eine mißlungene Integration. Nehmen Sie England und Frankreich: In beiden Nationen ist es vielleicht die nationale Überheblichkeit, die der Integration im Wege steht. Die Briten zehren in ihrem Nationalstolz noch immer davon, daß sie einst einen sehr großen Teil der Welt beherrscht haben. Und die Franzosen halten sich für die einzig wahre Kulturnation der Erde. Beides ist eher kontraproduktiv im Sinne der Integrationsfähigkeit. Wir Deutsche haben in unserem Land in der Vergangenheit immerhin große Mengen von Polen integriert. Wir haben die Salzburger Glaubensflüchtlinge integriert. Wir haben Schotten und Hugenotten integriert. Was hatten wir für Einwanderungswellen in Deutschland! Und alle sind gute Deutsche geworden. Die Hugenotten tragen heute noch ihre französischen Namen und sind gute Deutsche seit dreihundert Jahren. Warum schließen wir nicht an diese Tradition an?

Ist durch den Krieg, der für uns mit einer verheerenden Niederlage geendet hat, so etwas wie ein deutscher Weg zu Ende gegangen? Wenn ich so frage, dann setze ich voraus, daß es einen besonderen deutschen Weg in die Moderne gab ...

Nein, den gab es nie. Wir haben uns nur sehr spät auf den üblichen Weg begeben. Die Franzosen und die Briten haben ihre Nationalstaaten und ihre Zentralstaaten im 15. Jahrhundert herausgebildet. Uns gelang das erst 1871, also rund 400 Jahre später. Als wir Deutsche als geeinte Nation auf den

Plan traten, waren alle Plätze strategischer Macht und des Welthandels schon besetzt. Ob das in der Machtverteilung Europas gewesen ist, ob das in der Aufteilung der Kolonien gewesen ist, überall saßen schon andere große Staaten, die im aufstrebenden Deutschland eine lästige und gefährliche Konkurrenz gesehen haben. Die Italiener und die Japaner haben dieses Schicksal übrigens mit uns geteilt. Wir drei zu spät gekommenen Nationalstaaten waren die »Störenfriede« des 20. Jahrhunderts. Wir haben noch versucht, irgendwo unsere Plätze zu finden, und das haben sich die anderen nicht gefallen lassen. Die anderen waren schon mit dem gleichen Weg lange vor uns da und haben uns den gleichen Weg, den sie vor uns gegangen sind, nicht mehr zugestanden. Das nenne ich keinen typisch deutschen Weg.

Gut, dann zähle ich jetzt ein paar deutsche Grundkoordinaten auf: das Land der Mitte; das Land des Reichsgedankens; das Land des Idealismus, der immer mehr als bloß pragmatisch ist, also: das Land derjenigen, die das Denken nicht lassen mögen und die so tief denken, weil sie der Aufklärung und der Entzauberung der Welt entgegen wirken müssen; der Versuch, beim Gang in die Moderne den Menschen vor seiner Verdingung zu retten. Man ist doch bei Thomas Mann nicht in schlechter Gesellschaft, der auch sagte, daß der Erste Weltkrieg ein Ringen zwischen Kultur und Zivilisation war, also eines um Gesellschaftsentwürfe, um das Bild vom Menschen und vom Volk.

Jedes Volk hat seinen ganz eigenen Charakter, aber ich glaube nicht, daß sich der Erste Weltkrieg an solchen Fragen entzündet hat. Ich kenne die Franzosen oder die Engländer oder die Russen nicht gut genug, um die Unterschiede zu deren Eigentümlichkeiten herauszuarbeiten; aber ich glaube nicht, daß französische oder britische oder deutsche Eigenheiten einen Krieg ausgelöst haben.

Was erwarten Sie dann von einer Revision des Selbstverständnisses im Geschichtsbild? Was erwarten Sie von einer Revision unseres Selbstverständnisses durch Ihre Arbeit? Es kann sich doch nicht darauf beschränken, daß wir ein bißchen erfolgreicher und effektiver in einer globalisierten Konsumgesellschaft leben. Was wird an uns wieder mehr »wir selbst«, wenn Ihre Arbeit Erfolg hat?

Die 2. Hälfte des vorigen Jahrhunderts und hoffentlich dieses Jahrhundert sind für uns Deutsche europäisch. Europa hat sich in der Vergangenheit selbst zerfleischt, und nun entsteht es in einer gewissen Weise neu. Wir Deutsche öffnen uns für Europa und verwirklichen uns in Europa. Wir leben nun mit anderen Völkern zusammen, mit denen wir über Jahrhunderte Kriege geführt haben.

Wenn wir gemeinsam und harmonisch in Europa leben wollen, dann müssen wir uns auf gleicher Augenhöhe begegnen können. Die Deutschen bewegen sich aber heute nicht auf Augenhöhe. Solange sie sich selbst als der historische Irrläufer und für immer schuldbeladen verstehen, und solange die Verlierer von 1939 bis 1943, die Sieger von 1945 glauben, sie seien am Entstehen des Zweiten Weltkriegs nicht aktiv und schuldig mit beteiligt gewesen, und sie hätten nicht in großem Stile selber Kriegsverbrechen begangen, werden wir Deutsche der moralische *underdog* Europas bleiben.

Wir haben – das ist meine Botschaft – den Kriegsgegnern gegenüber nichts mehr abzubezahlen oder wiedergutzumachen. Wir haben über ein halbes Jahrhundert lang viel an Land und Geld gezahlt. Es gibt aber im Ausland noch immer die Erwartungshaltung vom hohen moralischen Roß herab, daß wir Deutsche etwas abzutragen hätten. Mir hat beispielsweise ein Geschäftsmann erzählt, daß er zu einer Verhandlung nach Holland fuhr, und im Verhandlungsraum hingen an der Wand lauter Fotos vom brennenden Rotterdam. Er erzählte mir, er habe sofort kapiert: »Aha, hier wird mir gezeigt, daß ich denen etwas schuldig bin.« Selbst bei EU-Verhandlungen scheint immer wieder dies moralische Gefälle durch, wenn unsere Miteuropäer fordern und wir Deutsche zahlen.

Das muß irgendwann ein Ende finden. Wir alle schulden uns gegenseitig etwas. Diese Erkenntnis wäre eine gute Grundlage für die gleiche Augenhöhe, von der ich spreche. Ja, das ist meine Botschaft: Deutschland auf Augenhöhe. Wir müssen einen Schlußstrich ziehen und gemeinsam eine europäische Zukunft aufbauen. Es kann nicht sein, daß Deutschland immer noch in der Erinnerung an den Zweiten Weltkrieg mal da hundert Millionen und mal dort hundert Millionen zuschießt. Dafür sind wir inzwischen auch viel zu hoch verschuldet.

Lassen Sie mich die einzelnen Schritte zur Augenhöhe beschreiben: Zuerst kapieren die Deutschen, daß auch die anderen ihr Päckchen zu tragen haben. Dann kapieren es die anderen selbst. Und dann vergibt jeder dem anderen. Entschuldigen Sie die Polemik: So etwas ist wie eine neuerliche Umerziehung, und zwar diesmal in gesamteuropäischem Maßstab. Und vor allem muß man an die Macht des geschriebenen Worts glauben. Glauben Sie an die Macht des geschriebenen Worts?

Ich weiß nicht, ob da irgendwann die Blase platzt oder nicht. Wir haben in den letzten hundert Jahren oft erlebt, daß vermeintlich unerschütterliche Dinge mit einem Knall verschwunden sind. Nehmen sie die DDR. Da dachte man noch vor siebzehn Jahren, die Mauer steht ewig; und dann war sie ein paar Wochen später weg. Solche Änderungen kann man nicht vorhersagen. Es schwelt etwas im Untergrund. Vielleicht reißt die Schale auf einmal oben auf.

Es kann sein, daß wir so etwas auch in der eigenen Geschichtsbetrachtung erleben. Neulich erzählte mir ein Mitstreiter, daß er mittlerweile von jungen Wissenschaftlern des Militärgeschichtlichen Forschungsamtes nach dem einen oder anderen gefragt werde. Das verwunderte ihn, und er habe einmal zurückgefragt: »Sie wenden sich an mich? Ich bin doch ein rotes Tuch für Ihr Amt!« Da habe dieser jüngere Historiker gesagt, daß sich ein Generationenkonflikt im MGFA abzeichne. Die älteren Historiker dächten fast alle noch konform, aber etliche jüngere fragten inzwischen, was wirklich gewesen sei, und was verschwiegen werde. Vielleicht – ich hoffe es – kommt da eine neue Generation, vielleicht.

Aber natürlich kann es auch sein, daß ich mir Illusionen mache, und daß meine ganze Arbeit und die meiner Mitstreiter umsonst ist. Aber ich bin zuversichtlich. Auch deswegen habe ich das Buch geschrieben, halte Vorträge und suche immer neue Wege, um an Leser und Hörer zu kommen. Ich muß aber zugeben, daß mich eine Sache doch sehr wundert: Bei den vielen Fehlinformationen, falschen Zitaten, falschen Übersetzungen, die im Umlauf sind und von Geschichtsprofessoren weitergetragen werden, müßte es doch wenigstens ein paar Studenten geben, die aufstehen und sagen: Herr Professor, das ist Geschichtsfälschung, die Sie da betreiben.

Das wäre der Moment, in dem einer sagt: Der Kaiser ist nackt.
Ja, genau, das wäre dieser Moment.

Die Thesen

Kommen wir nun zum Inhalt Ihres Buchs: 1939. Der Krieg, der viele Väter hatte. *Können Sie die Botschaft dieses Werks in fünf Thesen gießen, die man nicht mehr vergißt?*
So grundsätzlich habe ich noch nie über mein eigenes Buch nachgedacht. Aber die fast 600 Buchseiten lassen sich sicherlich in fünf Thesen zusammenfassen. Ich will es versuchen.

1. These: Keine Phase der Geschichte ist ohne Kenntnis ihrer Vorgeschichte zu begreifen. So ist es auch mit der von mir beschriebenen Phase der Zeit vor dem Zweiten Weltkrieg. Der Kriegsbeginn von 1939 ist ohne die Person Hitler nicht zu begreifen. Hitler und die Bereitschaft der Deutschen, ihm in den Krieg zu folgen, sind ohne den Vertrag von Versailles unverständlich. Die allgemeine Empörung des deutschen Volkes über Versailles ist ohne die Vorgeschichte des Ersten Weltkriegs nicht zu verstehen. Und auch diese Vorgeschichte kann man nur begreifen, wenn man das aggressive Konkurrenzgebaren der großen Staaten in Europa des 19. Jahrhunderts kennt.

2. These: Der Zweite Weltkrieg hatte viele Väter. Wenn man den unmittelbaren Kriegsanlaß von den Kriegsursachen unterscheidet, kommt man schnell darauf, daß Hitler

zwar den letzten Anschub zum Krieg gegeben hat, daß die Ursachen dieses Krieges aber von einer ganzen Anzahl verschiedener Regierungen in den vorhergehenden Jahrzehnten zusammengebraut worden sind. Diese unheilvolle Politik fing nicht erst mit dem Versailler Vertrag an. Sie begann schon kurz vor und nach dem Jahre 1900, als Engländer, Russen und Franzosen dem deutschen Aufstieg als Handels-, See- und Industriemacht mit Kriegsvorbereitungen und Militärbündnissen begegneten. Und nach dem Ersten Weltkrieg waren es die Siegermächte, die mit dem Versailler Knebelvertrag eine derart explosive Nachkriegsordnung in Europa etablierten, daß ein weiterer Krieg so gut wie unumgänglich wurde, es sei denn, die Sieger hätten diese Ordnung später nachgebessert.

Auch der Staat Polen hat nach dem Ersten Weltkrieg mit seinen Gebietsforderungen, Kriegsdrohungen und Kriegseröffnungen gegen die Sowjetunion, gegen Litauen, die Tschechoslowakei und Deutschland nicht minder zum Zweiten Weltkrieg beigetragen. Desgleichen Italien, die USA, die Sowjetunion und die Tschechoslowakei, die die Kriegsgefahr mit ihrer Vorkriegspolitik eher angefacht, statt gedrosselt haben.

Das alles klingt sehr viel mehr nach Hegemonialkrieg als nach einem Kampf der freien gegen die faschistische Welt ...

Ich komme in meiner 3. These darauf zu sprechen. Sie lautet: Der Erste und der Zweite Weltkrieg bilden strategisch und historisch eine Einheit. Für uns Deutsche steht der Zweite Weltkrieg ohne geschichtlichen Zusammenhang für sich, weil wir ihn als das Ergebnis nationalsozialistischer Expansionspolitik, also als Unikat betrachten. Doch die Briten – und mit ihnen auch ich – sehen in ihm die Fortsetzung des Ersten Weltkriegs. Die Briten bezeichnen, analog zum ersten Dreißigjährigen Krieg von 1618 bis 1648, den Zeitraum vom Beginn des Ersten Weltkriegs 1914 bis zum Ende des Zweiten Weltkriegs 1945 deshalb auch oft als den zweiten Dreißigjährigen Krieg. Sie unterteilen diesen Zeitraum nicht, wie wir Deutsche, in zwei unterschiedliche Epochen. Sie begreifen ihn als Einheit, in der zwei Kriege um die Vorherrschaft in Europa stattgefunden haben. Die Bezeichnung »zweiter Dreißigjähriger Krieg« ist daher mehr als eine bloße Zeitbeschreibung. Sie ist vor allem inhaltlich bestimmt. Sie läßt erkennen, daß den Ereignissen der Jahre 1914 bis 1945 aus Sicht der Briten gleichbleibende politische und wirtschaftliche Ziele zugrunde lagen. 1948 schrieb Winston Churchill im Vorwort zu seinen Memoiren: »Als Ganzes werden diese Bücher die Geschichte des Zweiten Dreißigjährigen Krieges umschließen.« Und 1995 bezeichnete der britische Premierminister John Major das Kriegsende von 1945 in einer öffentlichen Gedenkrede zum 8. Mai als »das Ende eines Dreißigjährigen Krieges«.

Meinen Sie, daß sich ein solcher Begriff, der ja eine sehr nüchterne, pragmatische und in diesem Sinne politische Sicht auf die Geschichte beweist, auch in Deutschland durchsetzen könnte?
Ich glaube, daß wir in Deutschland noch weit davon entfernt sind, die Politik nicht moralisch, sondern »kalt« zu betrachten. Lassen Sie mich mit meiner 4. These ein wenig von dieser Kälte verströmen. Sie lautet: Es gibt keine dauerhafte Völkerfreundschaft. Es gibt nur Allianzen mit gemeinsamen Interessen. Die Beispiele Erster Weltkrieg, Zweiter Weltkrieg und Kalter Krieg zeigen, daß die Freundschaften schnell wechseln und daß sich die Verbindungen der Staaten und Völker mehr auf Interessengleichheit als auf Freundschaft gründen. Solange die Gemeinsamkeit der Interessen überwiegt, werden selbst Bündnisnachteile hingenommen. Das sollte man nicht mit Freundschaft verwechseln.

Nehmen Sie Polens Position. Nach dem Ersten Weltkrieg verbündeten sich die Polen mit den Siegern, forderten deutsches Land und boten den Franzosen 1933 mehrmals an, mit ihnen einen Zweifrontenkrieg gegen das Deutsche Reich in ihrer Mitte zu eröffnen. Als das nicht funktionierte, wurden die Polen Verbündete der Deutschen, was nur solange anhielt, bis Deutschland den Anschluß Danzigs und einen freien Zugang zu ihrer seit 1920 abgeschnittenen Provinz Ostpreußen forderte. Polen ging zurück auf die Seite Englands und Frankreichs, die beide Schutz gegen die deutschen Ansprüche versprachen. Doch auch Frankreich und England kannten keine Freundschaft. Sie opferten den verbündeten Staat Polen, um sich damit einen Pakt mit der Sowjetunion zu erkaufen und zu erhalten.

Rußland selbst war im Ersten Weltkrieg mit Frankreich, England und Amerika verbündet, wurde nach der eigenen Niederlage gegen Deutschland und der Revolution von ihren bisherigen Verbündeten nicht mehr unterstützt. Die Sowjets behandelten von da an mögliche Alliierte alleine nach dem Vorteil, den das bringen konnte. So verhandelte die sowjetische Regierung im Sommer 1939 zur gleichen Zeit mit den Deutschen, Briten und Franzosen, um sie als Partner zu gewinnen, und um sie zu einem Krieg gegeneinander anzustacheln. Im Zweiten Weltkrieg stand die Sowjetunion erst auf Deutschlands Seite, aber sie bereitete schon zu der Zeit ihren nächsten Seitenwechsel vor. Dazu trieb sie ihren Preis für den Fortbestand der deutsch-sowjetischen »Waffenbrüderschaft« mit neuen Forderungen derart in die Höhe, daß Adolf Hitler den Fehler beging und Rußland angriff, so daß die Sowjets mit Berechtigung noch einmal die Seite wechseln konnten. Nach dem Sieg folgte der Kalte Krieg mit neuen »Freundschaften« beziehungsweise Feindschaften.

Als Beispiele der Völkerfreundschaft könnten bestenfalls Amerika und England auf der einen und Österreich und Deutschland auf der anderen Seite stehen, jeweils durch Sprache, Geschichte und Kultur verbunden. Doch auch die Freundschaft zwischen den USA und England war und ist auf Eigennutz gegründet. Die USA forderten 1941 von Großbritannien die Aufgabe ihres damaligen Wirtschaftsimperiums, der Ottawa-Zone, und die Auflösung des britischen Kolonialreichs. Ein zu hoher Preis für eine Freundschaft.

Deutschland und Österreich, bis 1866 im Deutschen Bund vereinigt, kämpften im Ersten Weltkrieg auf derselben Seite und vereinigten sich 1938 durch den Anschluß. Dieser Anschluß wird heute in Österreich allerdings sehr unterschiedlich bewertet. Es gibt keine selbstlose Freundschaft zwischen Völkern.

Sehen die beteiligten Völker und Regierungen ihre Freundschaften und Seitenwechsel vielleicht aus einer anderen Perspektive als Sie?
Ja, das ist auch ganz normal. Ich möchte meine 5. These deshalb so formulieren: Die Handelnden und die Historiker messen mit zwei verschiedenen Ellen. Ich betrachte die Historiker in diesem Zusammenhang einmal als die Sprachrohre ihrer Völker. Natürlich sehen und beschreiben Historiker die Geschichte aus unterschiedlichen Perspektiven. Je nach eigener Herkunft haben sie ein unterschiedliches Verständnis von Legitimität und geschichtlichen Kausalitäten, auch unterschiedliche Auffassungen von Recht und historischen Ansprüchen. Das führt zwangsläufig zu ganz anderen Bewertungen der Fakten. Doch wenigstens die Tatsachen sollten idealerweise in den Geschichtsbüchern übereinstimmen.

Nur schwer verständlich ist allerdings, daß deutsche Historiker deutsche Geschichte bei gleichen Fakten so unterschiedlich beschreiben. Die Historiographie fällt in unserem Lande durch Auswahl und Weglassen der Fakten und manchmal auch durch die »passende« Verwendung längst aufgedeckter Fälschungen sehr unterschiedlich aus.

Viele Historiker in Deutschland ordnen ihre Arbeit offensichtlich einem ideologisch-politischen Überbau unter. Ein großer Teil von ihnen »schreibt alles schlecht«, was zu Kaisers Zeiten und im Dritten Reich geschehen ist, weil ihm die demokratische Legitimität gefehlt hat oder weil es von Menschen in einem Unrechtsregime ausgegangen ist. Dieselben Forscher und Autoren »schreiben alles gut«, was die späteren Sieger getan oder angerichtet haben, weil sie angeblich Demokraten waren. Da haben wir die zwei verschiedenen Ellen, die heute in Deutschland maßgeblich und für viele Historiker und Autoren wohl verpflichtend sind.

Wie würden Sie Ihr Selbstverständnis als Historiker im Gegensatz zu diesen im ideologischen Überbau eingepferchten Historikern beschreiben? Also können Sie beschreiben, wie Sie sich und Ihre Arbeit als Historiker verstehen? Können Sie – spitz gefragt – Ihren eigenen ideologischen Überbau beschreiben.

Ich glaube, daß ich keine Vorgaben im Kopf hatte und habe, wie die Geschichte abgelaufen ist. Da ich nicht Geschichte studiert habe, bin ich nicht vorgeprägt. Ich glaube einfach, daß ich unabhängiger bin. Das merke ich immer wieder, wenn ich bei meiner Arbeit auf Quellen stoße und sehe, daß sie seit Jahrzehnten ungeprüft fehlerhaft weitergereicht worden sind. Warum fällt mir das auf und vielen anderen offensichtlich nicht?

Ich kann mir nicht vorstellen, daß das nur Dummheit oder Schlampigkeit ist. Ich stelle fest, daß Texte falsch abgeschrieben sind und damit auch falsch zitiert werden, daß fremdsprachige Texte falsch übersetzt sind, daß Professoren diese Fehler eigentlich selber hätten bemerken müssen. Wenn einem so etwas dann gehäuft oder an entscheidenden Stellen begegnet, wittert man dahinter eine Absicht: Manipulation an den Quellen, damit Deutschland in einem ungünstigen Licht erscheint. Eigentlich ist das schon mehr eine Manipulation der Leser.

Die gleichen Professoren gehen den Schwächen und Untaten ausländischer Politiker und ausländischer Regierungen nicht mit der nötigen Sorgfalt nach. Meist unterschlagen sie sie sogar. Ich muß also feststellen, daß häufig nach einem miesen Bild von Deutschland gesucht wird und daß sogar manipuliert wird, wenn man nichts hinreichend Schlechtes finden kann.

Sie haben mich nach meinem Selbstverständnis gefragt. Mein ideologischer Überbau ist bestenfalls die Fairneß gegen alle.

Kennen Sie ein Beispiel, wo Historiker eines Landes ähnlich schlecht über das eigene Land geurteilt und geschrieben hätten?
Nein. Es ist ja in der Regel umgekehrt: Die Geschichte wird normalerweise zu eigenen Gunsten zurechtgebogen. Letztlich versucht jeder, die guten Seiten seines Landes in den Vordergrund zu stellen. Ramses II. oder Julius Cäsar schon haben ihre Geschichte so schreiben lassen oder sogar selbst so geschrieben, daß sie in einem glänzenden Licht dastanden.

Warum schauen so viele deutsche Historiker so negativ auf ihr eigenes Volk? Warum stellen sie ihr Volk und seine – also auch ihre eigene – Geschichte so negativ dar? Zum einen unterliegen viele Historiker sicherlich dem Zwang, sich in der Abgrenzung zu Preußen, zum Kaiserreich und zum Dritten Reich zu übertrumpfen; das hat Konjunktur. Aber es muß mittlerweile noch etwas anderes sein. Vielleicht ist es sogar eine Art Gefallen an der eigenen Schuld: Sich selbst demütigen, das können wir Deutschen offensichtlich besser als sonst irgend jemand auf der Welt.

Unvoreingenommenheit ist also ein Schlüsselbegriff Ihrer Methode?
Ja. Man muß allen Dingen nachgehen, muß jedes Detail hinterfragen und kann nur dann Vertrauen zu einem Autor, einem Wissenschaftler fassen, wenn man ihn als gründlichen und wiederum unvoreingenommenen Arbeiter ken-

nengelernt hat. Dazu muß man viele Stichproben zur Kontrolle machen. Das ist etwas, das ich beim Militär gelernt habe. Ich wurde im Generalstab jahrelang darauf getrimmt, so zu arbeiten und ich denke, das hat seine Spuren bei mir hinterlassen. Und so habe ich auch als Historiker überprüft, was ich überprüfen konnte. Einmal aus Neugier, um mehr zu erfahren, und zweitens, weil ich mir keinen Fehler erlauben wollte. Denn für mich als Laienhistoriker ist ja nichts blamabler, als einem Fehler aufzusitzen.

Ich habe jetzt im Hinblick auf die Fehlinterpretationen der Historikerzunft drei Begriffe herausgehört: zum einen Dummheit oder Unvermögen, zum anderen Ideologie und zum dritten eine Art Angepaßtheit und Karrieresteuerung, ein vielleicht nicht einmal faßbarer Druck, der sagt: So und so sollte man schreiben, damit es in der Karriere vorangeht.

Da fehlt noch die Nachlässigkeit. Ich habe jetzt gerade einen Text von einem Hamburger Professor in die Finger bekommen, der eine Originalquelle im Volltext zitiert. In diesem Volltext gibt es einen Widerspruch. Daraufhin habe ich mir das Dokument, die Quelle, die er im Volltext zitiert, aus dem Bundesarchiv kopieren und schicken lassen. Und ich habe festgestellt, daß im Originaltext genau das Entgegengesetzte von dem steht, was der Herr Professor schreibt. Das hätte dem Professor auch auffallen müssen. Er hätte durch die bloße Lektüre seines eigenen Textes auf die Ungereimtheit stoßen und in der Quelle seinen Fehler finden müssen. Nun kann man unterstellen, daß er den Text bewußt manipuliert hat, oder man kann vermuten, daß der Fehler beim Abschreiben durch seine Sekretärin passiert ist. Eine Nachlässigkeit also. Diese beiden Möglichkeiten gibt es.

Das ist aber unverzeihlich, wenn es um heikle Themen geht. Jetzt gehen wir mal von der Dummheit und der Nachlässigkeit aus. Haben Sie beispielsweise diesen Hamburger Professor angeschrieben und ihm seinen Irrtum am Original nachgewiesen?

Nein. In einem anderen Falle habe ich so etwas einmal getan. Ich hatte entdeckt, daß eine Hitler-Rede mit zahlreichen gefälschten Stellen in den niedersächsischen Schulgeschichtsbüchern zitiert wird. Alle diese Zitate stammen aus einem Dokumentenband ein- und desselben Geschichts-Professors, Herrn Jakobsen. Da habe ich in Zusammenarbeit mit einem Herren, der gerade seinen Doktor in einem verwandten Geschichtsthema gebaut hatte, entdeckt, daß dieser Professor die Hitler-Rede in einem seiner Dokumenten-Bände mit den offensichtlich gefälschten Redepassagen zitiert hat und dieselbe Hitler-Rede in einem anderen Dokumenten-Band, an dem er mitgearbeitet hat, ohne die gefälschten Passagen gebracht hat. Da haben wir ihm geschrieben und ihn gefragt, welche Version der Hitler-Rede denn nun stimmt. Der Professor antwortete, man müsse heute davon ausgehen, daß Hitler die fraglichen Redepassagen nicht gesagt habe. Im nächsten Brief hat mein Bekannter ihn gefragt, ob er denn nicht das Kultusministerium in Hannover davon informieren wolle, daß die Zitate dieser Hitler-Rede, die in vielen Schulbüchern in Niedersachsen abgedruckt würden, nicht stimmten. Er antwortete, dies läge nicht in seiner Verantwortung. Das war einmal ein solcher Versuch, ein unfruchtbarer. Ich glaube nicht mehr an die Erfolgsaussichten ähnlicher Versuche.

Begegnen Sie solchen absichtlich oder versehentlich gefälschten Texten in der Sekundärliteratur öfter?

Leider nicht nur selten. Vor ein paar Monaten zum Beispiel wollte mich ein Freund auf einen Fehler aufmerksam machen. Er listete mir fünf Bücher von namhaften Historikern auf, die unisono beschrieben haben, daß Göring der polnischen Regierung im Januar 1935 ein Angebot zu einem gemeinsamen deutsch-polnischen Angriff gegen die Sowjetunion gemacht habe. Die Sache hätte theoretisch stimmen können, aber sie paßte nach meinem Urteil nicht in die Umstände jener Zeit. Also habe ich in den fünf Büchern die Quellen herausgesucht, die in den entsprechenden Fußnoten zum Beleg der Behauptung angegeben waren. Ich stieß dabei auf sechsundzwanzig deutsche, polnische, französische und rumänische Quellenangaben. Ich konnte mir alle Quellen in der Originalsprache besorgen und die ausländischen übersetzen lassen. Danach habe ich festgestellt, daß alle Quellen, bis auf zwei, auf einen einzigen Hörensagenzeugen zurückführten, den polnischen Unterstaatssekretär Szembek. Der wiederum berief sich auf zwei Zeugen der fraglichen Göring-Kriegsofferten, den polnischen Botschafter Lipski und den polnischen General Fabrycy. Beide, Lipski wie Fabrycy, haben selbst den fraglichen Göring-Besuch in Polen beschrieben, aber Görings angebliches Kriegsangebot dabei nicht erwähnt. Sie hätten dieses spektakuläre Angebot, wenn es Göring tatsächlich gemacht hätte, sicherlich nicht unerwähnt gelassen. Einer aber, der Botschafter Lipski, hat Jahre später noch einmal über den Göring-Besuch im Januar 1935 geschrieben und dabei über Görings Kriegsofferte berichtet, aber – und das ist bemerkenswert – nicht als selbstgehört sondern als Zitat aus den Szembek-Veröffentlichungen. Hier haben wir es also mit einem Gerüchtekarussell zu tun: Szembek bringt das Gerücht auf und zitiert dabei Lipski. Jahre später zitiert Lipski Szembek, als wäre der der Zeuge erster Hand.

Reicht das schon als Beweis?

Ich glaube schon, denn die ausgewerteten Quellen sprechen ja auch sonst. Was in diesem Falle bemerkenswert war, war, daß bei den zitierten Quellen, die Görings Kriegsangebot belegen sollten, neunzehn Quellen zwar den Göring-Besuch in Polen bezeugten, aber nicht ein einziges Wort über Görings angebliches Angebot erwähnten. Überdies zitierten vier der Quellen falsch. Drei Quellen enthielten falsche Übersetzungen. Eine Quelle war an entscheidender Stelle falsch, und zwar sinnumdrehend abgeschrieben. Eine Fußnote hatte überhaupt keinen Bezug zum Thema und zwei zitierte Quellen belegten eher das Gegenteil der Behauptung über Göring. Das waren die zwei Quellen, die nicht auf Szembek zurückgingen. Bei dieser Art von Quellenangaben und Zitiererei, die den Anschein von Beweisen und Wissenschaftlichkeit erwecken soll, die aber wahrscheinlich auf ungeprüfte Abschreiberei zurückzuführen ist, müßte den Studenten dieser Professoren doch ein Licht aufgehen. Ich kann nur vermuten, daß die meisten Studenten die Quellenlage ihrer Professoren niemals überprüfen.

Der Historiker Ernst Nolte schreibt mal an einer Stelle, daß historische Arbeit immer revisionistisch sei. Das heißt also: immer umwertend. Er bewertet neu, er wertet notfalls um, er korrigiert und läßt nie ungeprüft, was seine Vorgänger erarbeitet haben. Ihr Buch verschiebt jetzt das Geschichtsbild der meisten Bewohner unseres Landes nicht nur ein bißchen, sondern eigentlich um hundertachtzig Grad. Wie kommt das in der Zunft der Historiker insgesamt an? Haben Sie Reaktionen bekommen?

180 Grad sind übertrieben. Ich streite ja die deutsche Schuld am Zweiten Weltkrieg nicht ab, aber es ist eine Mitschuld. Das ist neu. Nicht einmal das ist richtig neu. Darüber schreiben ja auch andere Historiker seit Jahren. Sie fragten aber

nach der Reaktion der Historiker-Zunft. Sie meinen damit sicher die Historiker, die ihr Geld mit der These der deutschen Alleinschuld in Beamtenpositionen oder festangestellt bei großen Zeitungen verdienen. Daneben gibt es ja Gott sei Dank auch die freien Historiker, die ergebnisoffen forschen und da, wo es ausländische Mitschuld gibt, diese auch klar beschreiben. Die Zunft der beamteten Alleinschuld-Historiker straft mich mit Schweigen. Einige Zeitungshistoriker lassen ihre Mißachtung an mir aus. Ein *FAZ*-Schreiber blieb unter der intellektuellen Gürtellinie. Er hat sich nicht mit den von mir beschriebenen Tatsachen auseinandergesetzt und geprüft, ob sie richtig oder falsch sind; er hat mich bloß als unkompetenten Überbringer einer Botschaft angegriffen und mir geraten, ich solle bei meinen Leisten bleiben und mich nicht mit Geschichte auseinandersetzten. Ein anderer Historiker, einer von der *WELT* »verwurstet« mein Buch mit einigen Büchern anderer freier Historiker und mit der Hohmann-Affäre.

Ich will das jetzt nicht weiter ausführen. Da tröste ich mich dann mit gut 60 Buchrezensionen in kleineren Zeitschriften, die das Buch fair besprochen und zum großen Teil positiv bewertet haben.

Ein einziger Historiker hat mir ganz konkret einen großen Fehler nachweisen wollen, nämlich in meiner Beschreibung und Bewertung zu den Vorgängen beim Bau der Bagdadbahn und ihrer Bedeutung für den Ausbruch des Ersten

Weltkriegs. Ich habe, wie nach jeder Kritik, nachgeforscht, ob er Recht hat oder ich, und bin dabei auf Unterlagen der Deutschen Bank gestoßen, die damals die Finanzierung der Bagdadbahn arrangiert hat, und auf englische Unterlagen, die meine Darstellung und Bewertung nicht nur bestätigt sondern sogar übertroffen haben. Das war also 1 zu 0 für mich ausgegangen. Die kleinen Korrekturen, die ich in den fünf Auflagen des Buchs bisher vorgenommen habe, fußen dahingegen auf Hinweisen von Zeitzeugen. Bisher habe ich keine Niederlage gegenüber Berufshistorikern einstecken müssen. Aber wann immer eine Kritik laut wird, gehe ich ihr in aller Sorgfalt nach.

Zurück zu Ihrer Frage: Die Zunft als solche hat bisher nicht seriös reagiert. Berufshistoriker auf Lehrstühlen, an Instituten und bei großen Zeitschriften können die Geschichte und damit ihre eigene Arbeit offensichtlich nicht im Sinne Noltes überarbeiten, ohne sich selbst den Ast abzusägen, auf dem sie sitzen.

Die Zunft hat auch im Bezug auf die Wehrmachtsausstellung jahrelang jämmerlich versagt, bis dann eben ein junger Ungar und ein junger Pole kamen und die Beweise erbrachten, daß diese Ausstellung nicht seriös ist. Innerhalb von zwei Wochen war die Ausstellung aus den Angeln gehoben. Was ist das also für eine Zunft, diese deutsche Historikerzunft?

Historiker zu sein, ist vielleicht für sehr viele doch weniger eine Berufung als mehr ein Broterwerb. Und offensichtlich geben politisch angepaßte Menschen in dieser Zunft den Ton an. Die meisten Historiker sind ja im Staats- und Landesdienst. Sie wissen sehr wohl, daß sie sich existentiell in Bedrängnis bringen, wenn sie irgend etwas zur Verteidigung der Wehrmacht und des Dritten Reiches sagen oder schreiben würden.

Ich möchte auch noch etwas präzisieren: Wenn mir jemand eine fehlerhafte Recherche oder Interpretation vorwirft, dann versuche ich nicht zu beweisen, daß ich Recht habe. Ich versuche vielmehr herauszufinden, wer Recht hat. Denn wenn ich mich geirrt habe, dann muß ich meinen Fehler verbessern. Es würde mich auch in eine Sackgasse führen, wenn ich versuchte, irgendwelche Verteidigungsstrategien zu entwerfen. Ich habe solche verbissenen oder arroganten Verteidigungsstrategien bei anderen Historikern kennengelernt. Sie rutschen meist ins Formale oder Allgemeine ab. Das muß ich nicht nachmachen.

Wenn Sie von der Feigheit der Zunft sprechen, von einer angepaßten Wissenschaft, dann setzen Sie voraus, daß so mancher mehr weiß als er sagt.

Davon bin ich überzeugt. Ich bin im Zuge meiner Vorträge von einer ganzen Reihe von Historikern angesprochen worden. Das waren alles Leute aus dem Schuldienst, Leute, die Geschichte studiert haben und die Geschichte unterrichten.

Etliche haben zu mir gesagt: »Das, was Sie da herausgefunden und vorgetragen haben zu diesem und jenem Sachverhalt, das hatte ich während meines Studiums auch herausgefunden. Aber ich wollte in den Staatsdienst und konnte deshalb nicht darüber schreiben.«

Und das geht noch weiter: Wenn die Leute dann im Staatsdienst sind, unterrichten sie brav, was im Schulbuch steht, weil sie sonst ein Disziplinarverfahren an den Hals bekommen. Ich kenne inzwischen acht Herren, Studienräte, Oberstudienräte und Studiendirektoren, die sich in Disziplinarverfahren verantworten mußten, weil sie die in den Schulgeschichtsbüchern dargestellte Lesart von Geschichte über die Kriegsschuldfrage nicht so gelehrt haben, wie sie im Buche stand.

Für wen ist das jetzt ein Armutszeugnis? Für unser Meinungsklima oder für jeden einzelnen Herrn, der mit so einer Begründung zu Ihnen kommt? Bis zum Disziplinarverfahren ist es ja ein weiter Weg, und ich kenne durchaus Lehrer, die drei-, viermal allein gegen das Kollegium oder die Schulbehörde standen und noch immer unterrichten. Auf welchen Schultern soll also eine breiter angelegte Revision der Geschichtserzählung ruhen?

Das kann ich nicht sagen. Ich arbeite nicht an einer Schule und nicht an einer Universität. Ich habe diesen Druck in der wissenschaftlichen Arbeit nicht erlebt. Meine Erlebnisse in dieser universitären Welt sind eher zufälliger Art. Ich nehme hin und wieder Kontakt zu jemand auf, der seine Doktorarbeit zu einem Thema verfaßt, an dem ich interessiert bin. Dieser Student bohrt tiefer als man selbst und kommt vielleicht zu Erkenntnissen, die dem *mainstream* widersprechen. Der eine oder andere Student freut sich dann, daß ich ihn anspreche und seine Untersuchung mit ihm diskutiere. Ob dieser junge Mann oder diese junge Frau aber so etwas wie eine neue Generation repräsentiert, die einmal zu einem veränderten Meinungsklima beiträgt, vermag ich nicht zu sagen. Es kann auch bloßer Zufall sein, daß ich da an einen unvoreingenommenen Studenten geraten bin. Ich habe aber auch schon erlebt, daß eine Studentin nach Abschluß des Studiums ihren Kontakt zu mir abgebrochen hat, weil sie erkannte, daß sie sich auf einen gefährlichen Weg begeben hatte. Eine breit angelegte Revision wird nur kommen, wenn das, was Dr. Scheil, Dr. Post, Dr. Bavendamm, Dr. Magenheimer, Prof. Seidler, Dr. Weißmann, ich und andere schreiben, von genügend vielen jungen Leuten gelesen und verstanden worden ist, die später einmal im Lehrbetrieb der Universitäten oder in der Politik aufsteigen.

Die Interpretation der Quellen und die Interpretation der Sachverhalte, die Sie untersuchen, bleibt ja dennoch eine Interpretation. In welcher Bandbreite ist denn angesichts der Quellenlage, die Sie im Moment überblicken, eine Interpretation möglich? Wo verläuft die linke und wo die rechte Grenze?

Ich kann diese Grenzen nicht genau definieren, aber es gibt natürlich einen Interpretationsspielraum. Nehmen Sie beispielsweise die berühmte Hoßbach-Niederschrift vom November 1937, die immer wieder als zentrales Dokument der Lebensraum-Politik Hitlers gelesen und zitiert wird. Ich bin von der Richtigkeit meiner Interpretation überzeugt, daß diese Niederschrift ein Zeugnis der hitlerschen Bereitschaft ist, seiner Ziele Österreich und Tschechei wegen notfalls Krieg zu führen. Die heute üblichen Auslegungen der sogenannten Wissenschaft interpretieren aber weiter gesteckte Kriegsziele in das Protokoll hinein, bis hin zur Eroberung der Ukraine, wovon im besagten Protokoll aber nichts zu finden ist. Meine Interpretation beruht darauf, daß dieses Protokoll nur das belegt, was drin steht. Die sogenannte Wissenschaft liest aber hitlersche Absichten aus dem Protokoll heraus, auf die sie nicht aus dem Text, sondern aus dem späteren Fortgang der Ereignisse schließt.

Ich habe mich gefragt, was die Zuhörer der Hitler-Rede, die Hoßbach niedergeschrieben hat, 1937 von alledem wirklich mitbekommen haben. Keiner konnte damals wissen, wie sich die Dinge bis 1941 oder 1943 entwickelt haben würden. Den Zuhörern von 1937 ihre Erkenntnisse von 1945 zu unterstellen, ist unredlich.

Zu dieser Frage gibt es eine gute Parallele. 1932 hat Theodor Heuss als Reichstagsabgeordneter ein Buch über Hitler geschrieben, als Hitler noch nicht an die Macht gekommen war. Heuss, ein fairer und offensichtlich objektiver Mann, hat Hitler, aus seiner damaligen Sicht kritisch beschrieben, aber ohne ihn dabei zu »verreißen«. Nach dem Krieg hat man dieses Buch in der Theodor-Heuss-Stiftung problematisiert, weil Heuss Hitler 1932 nicht rückhaltlos abgelehnt hatte. Die Stiftung hat das Buch dennoch wieder aufgelegt und mit einem sehr langen Vorwort von Professor Jäckel versehen. Jäckel führt darin aus, daß man das Buch von Theodor Heuss aus dem Jahre 1932 nur mit den Augen von 1932 lesen und interpretieren dürfe. Wenn man das damals geschriebene Buch mit dem Wissen von heute interpretiere, werde man es immer falsch verstehen.

Beim Lesen dieses Heuss-Buchs habe ich an die Hoßbach-Niederschrift gedacht. Die erlaubten Grenzen der Interpretation von Quellen liegen sicherlich im wörtlichen Inhalt und im Zeithorizont ihres Entstehens. Nicht Geschriebenes und später Geschehenes in sie hineinzuinterpretieren überschreitet zum Beispiel die Grenzen des wissenschaftlich Zulässigen.

Haben Sie Vorbilder unter den noch lebenden oder auch schon verstorbenen Historikern? Manch einer hat ja eine bestimmte Art der Geschichtsbetrachtung auch theoretisch begründet.

Ich habe mich nicht mit Geschichtstheorie befaßt. So habe ich auch nicht über Vorbilder nachgedacht. Aber ich halte

Leopold von Rankes Auffassung, daß man in der Geschichtsschreibung wiedergeben soll, »wie es wirklich gewesen ist« schon für den Maßstab meiner Arbeit. Ich kann meinen Ausführungen von eben über unzulässige Interpretationen aber noch etwas über die Widersprüchlichkeit von Quellen und Sachverhalten hinzufügen.

Oft steht der Historiker vor mehreren Sachverhalten, verschiedenen Quellen und widersprüchlichen Motiven der geschichtlichen Figuren, die gegensätzliche Interpretationen zulassen. In solchen Fällen sollte man die Widersprüche nach ihrer Bedeutung und ihrer Menge gegeneinander abwägen, ehe man zu einer eigenen Bewertung kommt. Ich werfe der Mehrheit der derzeit schreibenden deutschen Historiker vor, daß sie alle Sachverhalte und Beweggründe unterschlagen, die die Deutschen zwischen 1900 und 1945 entlasten, und daß sie so zu ihren durchweg negativen Urteilen über Deutschland kommen. Das widerspricht dem Gesetz der Objektivität.

Die Geschichtsinterpretationen sollten sich an gewisse Erkenntnisregeln halten: an Wahrheit, Objektivität und Zeitbedingtheit der historischen Ereignisse.

Ich möchte trotzdem noch einmal die Frage nach einer Geschichtstheorie stellen. Sie haben davon gesprochen, daß hinter dem geschichtlichen Ablauf so etwas wie eine Logik steckt. Die Steigerung dieses Satzes wäre ja, daß sich die Geschichte so und nicht anders entfaltet, so und nicht anders entwickelt. Darin steckt Notwendigkeit und Zwangsläufigkeit.

Das wären zwei Schritte: Gibt es eine Logik in der geschichtlichen Entwicklung? Und kann diese Entwicklung nur so und nicht anders geschehen, ist sie also zwangsläufig? Lassen Sie mich hinten anfangen: Ich glaube, daß der Ablauf der Geschichte fast immer ergebnisoffen ist und nicht zwangsläufig. Wenn ein Politiker heute einen Sachverhalt von gestern erfährt, kann er sich so oder so entscheiden. Aus dem, was gestern passiert ist, kommt vielleicht eine gewisse Plausibilität für die eine und gegen die andere Entscheidungsmöglichkeit. Er kann aber aus irgendwelchen Gründen trotzdem eine andere, unplausible Entscheidung fällen. Ich denke also nicht, daß es eine Zwangsläufigkeit in der geschichtlichen Entwicklung gibt.

Dennoch gibt es gute Gründe dafür, daß sich jemand in aller Regel logisch und nicht anders entscheidet. Politiker hätten sich oft auch anderes entscheiden können, aber im Gestern oder Vorgestern lagen gute Gründe für ihre danach getroffenen Entscheidungen. Das ist die Logik hinter allem.

Ich habe während meiner Arbeit gemerkt, daß ich das, was ich mir erarbeite, deshalb nach einem Zeitraster systematisieren mußte. Ich habe zu historischen Vorgängen oft zwei, drei, fünf verschiedene Darstellungen, Dokumente und Interpretationen gefunden und konnte sie irgendwann nicht mehr im Gedächtnis voneinander getrennt halten. Also habe ich mir in einer Computer-Übersicht drei Spalten eingerichtet: Eine linke, schmale Datums- oder Zeitspalte, eine mittlere breite, in der ich die Sachverhalte und Abläufe niedergeschrieben habe und eine rechte, wiederum schmale, in der ich Quelle, Buch und Seite vermerkt habe. Wenn ich dann irgendeine Quelle bearbeitet habe, habe ich alle darin beschriebenen Sachverhalte nach ihrer zeitlichen Reihenfolge in diesen drei Spalten notiert. Und wenn ich dann das zweite, dritte und vierte Buch dazu gelesen oder die soundsovielte Quelle und das soundsovielte Dokument auswertet habe, hatte ich schnell die Unterschiede der verschiedenen Darstellungen beisammen. Ich habe festgestellt, daß der eine Autor diesen Mosaikstein bringt, der andere jenen, daß beim einen Autor dies und beim anderen das fehlt. Als ich anschließend meine Übersicht studierte, oftmals zusammengetragen aus Dutzenden von Quellen, sah ich, daß sich die Logik für das Ganze fast immer aus der Zeitfolge erschließt: Es ist frappierend festzustellen, daß zum Beispiel Hitlers schwerwiegende Entscheidungen ihre Auslöser fast immer in einer relativ kurzen Zeitspanne vorher hatten. Warum entscheidet sich Hitler am 12. September 1939, Frankreich angreifen zu lassen? Frankreich hatte uns ja den Krieg erklärt, und wir hatten uns lange in der Hoffnung defensiv verhalten, Frankreich würde sich doch noch aus dem Krieg heraushalten.

Warum also gibt es einen Tag, an dem Hitler beschließt, daß die Wehrmacht nun doch Frankreich angreifen soll?

Der Schlüssel liegt im Tag vorher. Am Tag vorher fangen die Engländer an, ihre Truppen in England einzuschiffen und nach Frankreich zu transportieren. Das verschärft die Lage schlagartig zu Ungunsten Deutschlands, und Hitler äußert erstmals seine Absicht, Frankreich anzugreifen. Ein anderes Beispiel: Warum beschließt Hitler am 3. April 1939 plötzlich, Polen anzugreifen? Elf Tage vorher machen die Polen mobil, verdoppeln ihre Streitkräfte, stellen Korpsstäbe auf, lassen Truppen Richtung Ostpreußen marschieren. Durch meine Zeitleisten habe ich also festgestellt, daß es nicht die Launen des Bösen waren, die zu einer bestimmten Entwicklung führten, sondern eine Logik der Ereignisse. Keine Zwangsläufigkeit, aber eine Logik.

Aber ist es nicht so, daß wir im Nachhinein für jedwede Entscheidung gute Gründe anführen können, mehr: Daß der berühmte Satz von Theodor Lessing gilt, der die Geschichtsschreibung eine Sinngebung des Sinnlosen nannte. Es wäre dies ja genau Ihre Methode: Plausibilität in die Dinge zu bringen, weil der Mensch die Sinnlosigkeit der geschichtlichen Läufe gar nicht ertragen kann.

Der Lessing-Satz stimmt nach meiner Auffassung nur insoweit, als historische Entscheidungen und Abläufe manchmal vom Ende her betrachtet keinen Sinn hatten, weil das Ergebnis nicht der Absicht der Akteure entsprach. Denken Sie an den letzten Irak-Krieg. Aber vom Anfang her betrachtet, liegt im Beginn der historischen Handlungen meist doch ein Sinn, nämlich die subjektiv positive Absicht der Akteure. Vom Beginn des Zweiten Weltkriegs her betrachtet, hatten alle Kriegsparteien ihre subjektiv positiven Absichten. Vom Ende her betrachtet, standen alle vor einem großen Scherbenhaufen. Ich versuche also nicht, Plausibilität in die Dinge zu bringen. Ich versuche die Plausibilität der Dinge aufzudecken.

Wir haben die Historikerzunft jetzt mitbehandelt. Was sagt der Verkaufserfolg Ihres Buches über uns Deutsche als geschichtsinteressierte Leser aus? Also welchen Nerv haben Sie da getroffen?
Ich glaube nicht, daß unser Volk geschichtsinteressiert ist. Und ich habe leider den Nerv einer breiten deutschen Öffentlichkeit auch noch nicht getroffen. Ich glaube, daß unser Volk eher an Sensationen interessiert ist und empfänglich für wahre und erfundene Gruselgeschichten aus dem Dritten Reich. Wenn eine Geschichte gut aufgemacht ist, etwa wie ein Krimi, dann interessieren sich die Leute dafür. Sie interessieren sich aber nicht für Geschichte an sich. Man hält die Deutschen, die unter Hitler lebten, heute mehr oder weniger für schuldige Täter und ist zufrieden damit, selber einer moralisch guten Generation anzugehören. Und man schaut sich hier und da im Fernsehen und in Büchern sensationslüstern an, was die Nazi-Schergen damals so getrieben haben und getrieben haben sollen. Beides hat sich längst vermischt. Ich meine, daß das nicht mit Geschichtsinteresse

verwechselt werden sollte. Das ist zum Teil leider nur eine Mischung aus Pharisäertum und Voyeurismus.

Trotzdem haben Sie die Hoffnung, daß es zu einer Revision des Geschichtsbildes kommt. Worauf gründet sich Ihre Hoffnung?
Auf historische Erfahrungen. Von der Erkenntnis zum Beispiel, daß sich die Erde um die Sonne dreht, bis zur kirchlichen Anerkennung dieser Wahrheit, hat es exakt zweihundertfünfzig Jahre gedauert. Zweihundertfünfzig Jahre sind sehr lang. Und über all diese Jahre hinweg hat die gebildete Welt gemeint zu wissen, daß die Sonne sich um die Erde dreht, obwohl es in Gelehrtenkreisen längst bekannt war, daß es sich anders herum verhält. Mit anderen Worten: Am Wahrheitsgehalt einer Erkenntnis liegt es also nicht, wenn sie sich früher oder später oder gar nicht durchsetzt. Es muß andere Hebel geben, die man umlegen muß, um der Wahrheit ihre Bahn zu brechen. Ich glaube an die alte Volksweisheit, die sagt: »Es ist nichts so fein gesponnen, es kommt doch alles an die Sonnen!«

Halten Sie das historische und das naturwissenschaftliche Wissen für vergleichbar? Läuft hier die Entwicklung nach den gleichen Regeln ab?
Sie läuft insofern oft nach den gleichen Regeln, als die Wahrheit oder die Annahme der Wahrheit meist eine Frage der Machterhaltung ist. Bei der kopernikanischen Wende ging

es darum, ob die Erde und der Mensch als Gottes Schöpfung im Mittelpunkt des Alls stehen und damit auch die Kirche auf Erden, oder ob wir nur eine um die Sonne kreisende Randerscheinung sind. Das war eine Glaubens- und zugleich auch eine Machtfrage für die Kirche. Deshalb hat die römisch-katholische Kirche so lange den Deckel auf der Wahrheit gehalten.

Heute geht es wiederum um eine Machtfrage. Es geht um die Frage, ob unser heutiges Verständnis von Parlamentarismus und Parteienstaat die optimale Staatsform widerspiegelt oder ob es Optionen dazu gibt. Für mich selbst ist diese Frage gar nicht offen, aber offensichtlich gibt es in der politischen Machtelite Deutschlands latente Ängste, es könnte Bürger geben, die in irgendeiner Form von Monarchie oder andersartiger Demokratie oder von Diktatur eine sinnvolle Alternative zum heutigen Parteienstaat sehen. So muß alles, was es zwischen 1871 und 1945 in Deutschland an Staatsformen und Staatsmännern gegeben hat – außer der glücklosen Weimarer Republik – in einem möglichst ungünstigen Licht dargestellt werden, um ihnen jede Attraktivität und auch schon jeden Schein von Attraktivität zu nehmen. Diesen Dienst leistet die Masse der deutschen Historiker seit 1945. So werden auch die kulturellen, sozialen und anderen Lichtblicke dieser 70 Jahre verdunkelt oder schwarz bemalt. Dabei bleibt viel schöne Wahrheit auf der Strecke. Auch diese Lesart von Geschichte dient der Machterhaltung.

In dieses Bild paßt allerdings nicht, daß die politische Elite von heute mit ihrem verkrampften »Kampf gegen rechts« das Gegenteil davon aufwertet, den roten Sozialismus, von dem wir einmal geglaubt haben, wir hätten ihn mit der DDR endlich hinter uns gelassen.

Sie sagten, der Antrieb zum Schreiben Ihres Buches war die Frage, was die Generation Ihres Vaters dazu bewogen hatte, in den Krieg zu ziehen. Sie plädieren dafür, die Geschichte aus dem Blickwinkel der damaligen Zeit zu erzählen und zu verstehen. Ihr Vater konnte also guten Glaubens in den Krieg ziehen. Die andere Frage aber lautet: Was wissen wir heute?

Wir wissen, daß die Sache schiefgegangen ist; wir wissen auch, was in der Zeit des Krieges an Verbrechen passiert ist, die nicht passiert wären, wenn es den Krieg nicht gegeben hätte. Das sind Dinge, die wir wissen. Aber wir würden aller Voraussicht nach in der gleichen Situation ohne das Wissen von heute auch wieder gleich handeln.

Nehmen Sie den Angriff der NATO-Staaten auf Jugoslawien. Da haben wir uns ohne Kriegserklärung an einem Krieg gegen einen anderen Staat beteiligt. Natürlich hat sich in Serbien Entsetzliches abgespielt. Wenn wir uns jetzt ins Jahr 1939 zurückversetzen und uns ansehen, wie die elf Millionen Angehörigen der deutschen, ukrainischen und jüdischen Minderheit im damaligen Polen drangsaliert, entrechtet und sogar ermordet wurden: Wir wären auch nach heutigem Maßstab einmarschiert und hätten diese Minderheiten, vor allem unsere Landsleute, geschützt. Wir würden mit heutigem Maßstab sagen: Das kann die Welt nicht tatenlos mit ansehen. Und es ging, wie gesagt, nicht nur um die Volksdeutschen, die nach dem Ersten Weltkrieg unter polnische Herrschaft geraten sind. Den Ukrainern, die nicht katholisch waren und auch noch eine fremde Sprache sprachen, sind die Kirchen angezündet und die Häuser abgefakkelt worden. Da haben die Polen rücksichtslos die Kultur ihrer Minderheiten platt gemacht.

Als ich mich zum ersten Mal überhaupt mit der Frage befassen mußte, wie der Polenfeldzug zustande gekommen ist, war ich Bataillonskommandeur, und die Zeitzeugen waren noch viel jünger als heute. Ich habe damals etliche gefragt, warum es zum Krieg mit Polen gekommen sei. Die meisten antworteten, daß sie sich aufgrund der schlimmen Nachrichten über die schikanierten Volksdeutschen selbst gefragt hätten: »Wie lange läßt der Adolf sich das noch gefallen?« Es muß im deutschen Volk eine ungeheure Wut über das angestaut gewesen sein, was da in unserem Nachbarland so geschah. Man wollte nicht unbedingt einen Krieg, aber man wollte die Probleme gelöst sehen, mit Verträgen oder Diplomatie oder mit Drohungen oder wie auch immer. Keiner hat geglaubt, daß da ein Weltkrieg daraus werden würde, alles sprach für einen kleinen lokalen Konflikt.

Glauben Sie, daß es objektive Geschichtsschreibung gibt?
Nein.

Warum nicht?
Weil wir Menschen auf Subjektivität angelegt sind und unserer Erkenntnisfähigkeit Grenzen gesetzt sind. Das kommt schon von daher, daß jeder Mensch anders denkt, ein bißchen anders sieht, und von daher kann es keine Gleichheit der Betrachtungen geben.

Aber Sie denken doch, daß das, was Sie beitragen, deutlich näher an der Objektivität ist als das, was wir beispielsweise in niedersächsischen Schulbüchern finden, oder?
In der Tat.

Können wir aus der Geschichte etwas lernen?
Wenn wir uns Mühe geben. Man kann aus der Geschichte keine Muster für zukünftiges Verhalten ableiten, weil die Verhältnisse sich ändern. Aber man kann sich darin üben, Zusammenhänge zu sehen, und das schult einen darin, sinnvoll und richtig und vorsichtig genug zu handeln.

Die Geschichte als Schule der Demut.
Ja, eine gute Formulierung.